LE PROBLÈME DE L'UNION FÉDÉRATIVE EUROPÉENNE

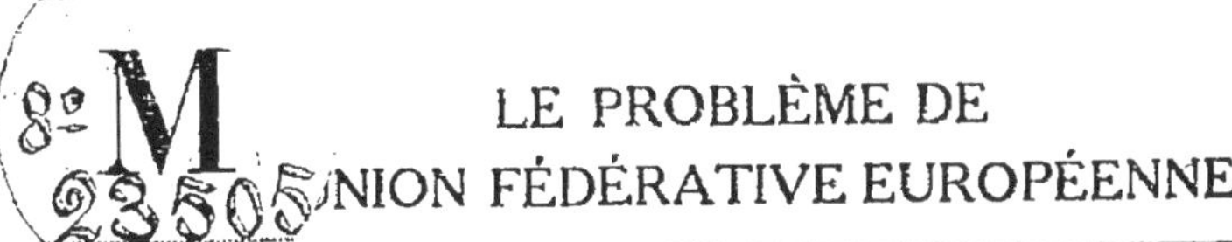

Ni Europe, ni Asie
La Russie est Russie

PAR

BRIANTCHANINOFF, de Starya-Lipy

Président de A. N. R. L. N. et de I. A. O. S.

ÉDITIONS VICTOR ATTINGER

A la mémoire

de

PIERRE LE GRAND

qui a ouvert les yeux russes sur l'Europe

LE PROBLÈME DE
L'UNION FÉDÉRATIVE EUROPÉENNE

Ni Europe, ni Asie
La Russie est Russie

*En guise de réponse à la circulaire
de S. E. Mr le Ministre des Affaires Etrangères de France du
17 Mai 1930*

PAR

BRIANTCHANINOFF, de Starya-Lipy

Président de A. N. R. L. N. et de I. A. O. S.

ÉDITIONS VICTOR ATTINGER

30, boul. Saint-Michel | 7, place A.-M.-Piaget
PARIS-VIᵉ | NEUCHATEL

1930

Imp. d'Art Voltaire, O. Zeluk, dir. 34, rue Richer, Paris

UNION FÉDÉRATIVE EUROPÉENNE

Nécessités. Dangers. Possibilités. Tactiques

AVANT-PROPOS

Le présent essai est un développement d'une conférence faite par moi au sein de notre Association, le 21 juin 1930. L'approbation enthousiaste que son idée maîtresse y a rencontrée ainsi que la nécessité aussi évidente qu'urgente, de faire résonner, ne fût-ce qu'une voix nationale russe alors que les Soviets, assassins de la Russie sont invités à parler en son nom, pour nous sacré, m'ont poussé à présenter en dû temps cette réponse à la circulaire française à qui de droit.

La livrant maintenant, sur l'instance de certains amis, à l'opinion publique, je considère de mon devoir de préciser, que j'en porte seul l'entière responsabilité, nos sections n'ayant pas eu le temps matériel de se prononcer et la publication ne tolérant pas de retard, un Congrès Interna-

tional Démocratique devant traiter ce sujet à Ostende, le 3 septembre, la Conférence officielle ayant à s'en occuper à Genève, de suite après.

Dans cette réponse, ce n'est pas seulement le point de vue national russe qui est envisagé : créanciers et débiteurs de l'Europe, les Russes sentent que tout en engendrant une civilisation spéciale, la Russie spirituellement est et doit être toujours présente en Europe. Rien d'européen ne saurait lui être étranger.

Nos terres et nos maisons peuvent être occupées par les brigands et les voleurs. Nous pouvons être, peut-être pour longtemps encore, isolés et privés sans l'ombre d'une légalité quelconque de tout ce que nous possédons matériellement chez nous. Mais nul, jamais, ne pourra arracher de nos cœurs l'amour de notre malheureuse patrie. Nul jamais ne pourra empêcher nos têtes de penser comme par le passé et d'apporter notre contribution spirituelle aux problèmes qui agitent l'humanité.

Avec Dieu dans nos cœurs et avec une foi invincible en une grande Russie nationale de l'avenir, Russie de droit, de jus-

tice, de liberté et de paix, toujours nous
répondrons: « présents! », alors qu'il s'a
gira de rechercher des solutions aux problèmes que l'histoire mondiale pose.

Eprouvée, immolée pour son plus grand
bien spirituel, la Russie ressuscitera pour
remplir une mission sociale et internationale, dont on voit déjà l'aube poindre à
l'horizon.

Chacun de nous doit y servir dans la
mesure de ses forces, quelles que faibles
qu'elles paraissent. C'est là l'excuse de la
publication de cet essai, très imparfait,
très incomplet, mais bienveillant et sincère jusqu'au bout. Car ce n'est que la
bienveillance et la sincérité qui peuvent
sauver la paix de l'Europe et du Monde
à l'heure grave, résolutoire qui s'approche.

L'Auteur.

Château Panchien,
Touraine, France
    10.8.30

ASSOCIATION NATIONALE RUSSE
POUR LA LIGUE DES NATIONS
(A. N. R. L. N.)

Union
Fédérative Européenne

Nécessités. Dangers. Possibilités. Tactiques

*En Guise de réponse à
a circulaire de S. E. Monsieur
e Ministre des Affaires étrangères de France en date du
17 mai 1930*

PREAMBULE

C'est avec un sentiment très vif de reconnaissance et de joie que l'opinion publique nationale russe, dont notre Association s'est posée pour tâche de cristal-
liser les réactions naturelles et légitimes,
quant aux questions européennes et mondiales, a accueilli la publication de la pro-

position circulaire de S. E. Monsieur le Ministre des Affaires étrangères de France aux Gouvernements Européens faisant partie de la Société des Nations, ayant pour but l'établissement « d'une sorte d'union européenne » avec un organe permanent pour en manifester la personnalité internationale et faciliter par là la réalisation des buts qu'on s'était posés en créant la S. D. N.

Notre reconnaissance est due au fait que la circulaire officielle française fait sortir la question de l'Entente Européenne du domaine privé, où elle prenait une voie, selon nous, dangereuse, puisque susceptible d'aboutir à la cristallisation par continents. Ceci doit être, au point de vue d'une paix mondiale stable, avant tout à éviter vis-à-vis de la mentalité des peuples d'Asie aujourd'hui, des peuples d'Afrique demain.

Nous avons eu l'occasion de nous élever amicalement, mais fermement, contre l'initiative paneuropéenne prise par le comte Coudenhove-Calergi au Congrès de la Paix à Berlin en 1925, et par une résolution nous avons dès 1926, affirmé notre opposition irréductible à ce plan, paraissant favoriser un utopisme partial et aveugle, quant aux réalités pendantes en Europe d'après-guerre, où on est restés divisés non faute de compréhension naturelle, mais justement pour cause de se connaître trop bien.

Il fallait, selon nous, — et nous restons de cet avis, — non pas éparpiller les efforts créateurs, déjà si obstrués par la lassitude et l'indifférence publiques, mais les concentrer sur l'amélioration radicale et rapide du Pacte de la S.D.N. dont, pour notre part, nous avons publié et distribué un projet dès avril 1921. La réforme du Pacte se réduirait surtout, à la dotation de la S.D.N. par une Force Armée Internationale dont nous et d'autres préconisons inlassablement, d'une façon de plus en plus précise et complète, la création d'urgence comme le seul moyen efficace de garantir l'Europe et le monde d'une répétition, — en pis, — de 1914.

Notre reconnaissance est due actuellement au gouvernement français pour l'initiative qu'il vient de prendre en forçant pour ainsi dire, les doléances nationales à sortir officiellement au grand jour, en favorisant par là la reconnais-

sance de la légitimité de certaines d'entre
elles, en forçant les autres à s'évanouir au
contact de l'air frais de la discussion en
commun dans l'atmosphère de ces compromis, qui constituent la sagesse politique et dont Genève a le secret; compromis
coûtant aux peuples toujours moins cher
que les conflits et l'exacerbation de passions, faciles à surexciter, mais difficiles
à apaiser.

Mais ce n'est pas seulement une reconnaissance envers la France qui nous em-
plit. C'est aussi la joie de prévoir que,
quoiqu'on fasse, la « question russe » sor-
tira de ses ténèbres artificielles, voulues
par certains, pour devenir le centre du
problème européen. Car une fois les délégués des Etats européens réunis pour
discuter, soit le problème politique, que
la circulair place en tête, soit le
problème économique, — qui en est la
base, — on ne saurait, sans encourir le
risque de rester des aveugles volontaires,
fermer les yeux sur les réalités russes.

On devra, par la force même des cho-
ses, décider si, oui ou non, la Russie importe à l'Europe; si oui, ou non, il faut la
libérer et lui assurer un état conforme

14

aux droits de ses populations libres de vivre, travailler, produire et trafiquer avec leurs voisins en accord avec la « bienséance internationale », qui est à la base de toute possibilité de civilisation et de progrès, matériel et moral.

Or, poser la question russe, — c'est la résoudre; dans le domaine de la pensée théorique d'abord, dans les réalisations volitives, après. Car il ne fait ombre de doute pour personne, que l'Europe, divisée devant les Etats-Unis d'Amérique, unis économiquement contre elle d'un côté, et la Soviétie, ennemi implacable du libéralisme démocratique européen, de l'autre, que cette Europe ne saurait que s'anémier et déchoir progressivement pour mourir enfin, sciée, comme le prophète Isaïe, entre deux planches.

Notre joie paraît donc être légitime, quand nous prévoyons que dans la Conférence paneuropéenne, la question russe s'avérera en tant que vitalement importante pour n'importe quelle solution paneuropéenne envisagée.

Aussi croyons-nous de notre devoir, en l'absence d'une voix officielle russe, celle des voleurs-assassins de Moscou ne

pouvant d'aucune façon se substituer à
la voix du peuple russe, ligoté et torturé
par la bande internationale qui le souille
et le martyrise, l'ayant désarmé au préalable, de dire ouvertement ce que le sentiment national russe pense de l'Europe,
de l'Union Européenne et du rôle que la
vraie Russie, la Russie Impériale, libre,
digne et pacifique, aura à y jouer.

Que les organes officiels de la conscience européenne ne prennent notre
voix en aucune considération, — soit !
Nous savons, pour en avoir assez souffert,
qu'entre bureaucraties, c'est normal et
irrémédiable.

Mais le monde n'est pas mû par les
bureaucraties, quoiqu'on pourrait constater, non sans étonnement et effroi, que ce
sont ces bureaucraties qui, partout ont
été les seuls et vrais vainqueurs de la
grande guerre. Cependant, voyant les cho-
ses de plus haut et plus en profondeur,
ces toutes-puissances bureaucratiques
n'ont l'air de dominer qu'à la surface des événements. Les vraies lames de
fond proviennent des profondeurs de
l'âme populaire, des grands Inconscients,
qui, aux moments graves, dirigent et ai-

16

guillent les décisions résolutoires des peuples. Etant libéraux démocrates par l'essence même de l'âme historique du peuple russe, nous ne saurions douter un seul instant, que les lames profondes des peuples européens seront, au moment critique qui s'approche (la date du 30 juin 1930 ayant toutes chances d'être dénommée par l'historien futur comme celle de « la fin de la paix d'après-guerre!») unanimes avec celle du peuple russe, que d'une façon très inadéquate nous tâchons de représenter ici en exil, pour crier aux Gouvernements embourbés dans les rivalités héritées du passé : « Assez de disputes et de sang ! Tous à la même table pour travailler ensemble à une meilleure Europe, cette sœur aînée majeure d'entre les peuples devant donner l'exemple aux plus jeunes et aux mineurs des autres continents, qui ont les yeux fixés sur elle, qui ne demandent qu'à en recevoir un mot d'ordre international, à base de justice égale et de progrès accessible à tous, et dont les libertés et les droits sont inaliénables, quelques faibles, petits ou attardés en civilisation qu'ils soient! »

Tel a toujours été l'idéal international

de l'Empire Russe, calomnié et mal compris à dessein, mais fort par ce démocratisme libéral égalitaire qui est inné à l'âme russe. Tel il est proclamé par les meilleurs esprits de l'Europe! Tel il unira l'humanité toute entière, à condition qu'on soit enfin franc et honnête en politique internationale, comme on tâche de l'être dans la vie privée quand on veut être respecté et, surtout, quand on veut se respecter soi-même.

La circulaire du Ministre des Affaires étrangères de France vient secouer la torpeur des désillusions d'après-guerre, juste au moment quand partout, progressivement, l'opinion publique commence enfin à se rendre compte, que la paix d'après-guerre est d'autant moins stable que les ex-vainqueurs s'affaiblissent par nonchalance et optimisme officiellement patenté et endormi par une presse influencée et, que les ex-vaincus, par contre, s'enhardissent. Ceci, en déclinant toute responsabilité morale pour l'initiative des horreurs de la guerre; puis, en en déduisant l'injustice des sacrifices qu'on leur a imposés par le traité de Versailles (et autres); puis, en mobilisant les

consciences de par le monde, y inclus les
partis avancés des vainqueurs· pour exi-
ger la révision des traités : d'abord par
voie de règlement de comptes ce que, grâce
aux reculades successives des vainqueurs,
les vaincus ont splendidement réussi à atteindre par les rabais substantiels con-
sécutifs des chiffres de Checkers et de
Boulogne à ceux des plans Dawes et
Young; ensuite, par l'abrogation des clau-
ses de contrôle gênantes; puis enfin, par
la rectification de certaines frontières, ceci
contrairement à l'esprit et à la lettre des
traités signés, mais conformément à l'esprit public de plus en plus dérouté par
une propagande systématique et tenace.

Si la situation politique était stabilisée
dans les frontières indiscutables parce que
justes, ou non-changeables, parce que les
vainqueurs, les ayant imposées, se sont
avérés tenaces et aussi forts dans la con-
quête d'une paix définitive (pour deux générations au moins, — rien n'étant défi-
nitif sur terre!) qu'ils l'ont été pendant la
lutte militaire, on aurait le droit et le devoir de semer l'optimisme et d'appliquer
la formule italienne, — de l'Italie d'avant
le fascisme : « qui va piano — va sano »;

on aurait le droit et le devoir d'appliquer
à l'Institution de Genève, aux efforts dé-
claratifs du pacte Kellog, aux projets de
désarmement, d'unions économiques, in-
tellectuelles, politiques de différents aca-
bits, quels que lents et peu substantiels
qu'ils paraissent, l'adage si goûté à Genève : « Laissez l'enfant croître, — tout
viendra en son heure. »

Mais la triste vérité est que le temps, ce
facteur dominant toute œuvre humaine,
travaille non pour l'apaisement, mais
pour l'exacerbation des uns contre les
autres. Sans parler de la lutte de classes,
soudoyée par Moscou et organisée avec
une énergie inlassable, qui serait digne
d'admiration si son but n'était subversif,
sans parler des luttes d'intérêts, naturelles,
mûrissant et éclatant dans toutes les parties du monde (Chine, Indes, Amérique du
Sud, en Europe même, n'ayant pas encore pansé ses blessures !) il y a une divi-
sion politique fondamentale et qu'on ne
saurait couvrir par la ouate de l'éloquen-
ce, fût-elle celle de M. Aristide Briand, qui
va en s'aggravant d'année en année et de
mois en mois d'une façon enfin si évidente
que l'opinion publique commence à en

devenir nerveuse, — état qui précède et favorise, par la suggestion collective, les grandes catastrophes pareilles à celle de 1914.

Les observateurs compétents sont tous du même avis : nous sommes de nouveau en Europe dans une situation pareille à celle de 1909-1912, avec cette différence, que c'est Rome qui est en train de jouer le rôle de Vienne et que c'est le « corridor » et la « Silésie » qui s'apprêtent à devenir l'Agadir N° 2.

Toutefois, avec ceci d'infiniment plus grave qu'en 1912 : les équilibres traditionnels sociaux n'existent plus. Les autorités non seulement monarchiques, mais démocratiques parlementaires ont croulé. Il y a un potentiel formidable de révolte latente contre l'injustice trop évidente de l'accaparement par certains de la puissance de l'argent, dont totalement manquent d'autres, souvent plus dignes. Il y a l'écroulement du prestige des blancs chez les races de couleur. Il y a un centre formidable de propagande révolutionnaire qui de Moscou, d'après les calculs de l'observateur philosophe, le comte Herman Keyserling, dirige déjà le semi-

conscient de la moitié de l'humanité. Il
a ses agents actifs partout. Actuellement un conflit armé est sûr non seulement un conflit armé est sûr non seule-
des Etats belligérants, car l'aviation et les
gaz ont depuis la paix (!) fait des progrès
bien plus grands que pour toute la période allant de leur découverte jusqu'en
1918, mais il est sûr d'affoler la population civile et la jeter tête baissée dans une
révolution sociale généralisée, dont nul ne
saurait prévoir les horreurs et les consé-
quences.

C'est pourquoi le devoir de tout honnête homme, — sans parler des hommes
d'Etats responsables, — est d'apporter sa
bonne volonté et l'appui de ses connaissances et prévisions pour faciliter la naissance de toute institution, quelque chimé-
rique qu'elle puisse paraître, — prima
faciæ — qui travaillerait dans la direction de l'apaisement des passions, des
compromis salutaires, du désarmement
progressif des esprits et des bras, de la
sécurité garantie, non par des phrases et
des pactes sans obligations ni sanctions
réelles, mais par une force puissante, con-
nue et respectée à l'avance, au service non

pas de tel ou tel autre groupe d'intérêts, mais du Droit tout pur. Car c'est la défense de ce Droit égal pour tous qui, seule, pourra éveiller la confiance justifiée des masses inquiètes envers un avenir meilleur.

Cependant, depuis douze ans qu'on s'évertue à faire naître à la réalité les garanties de sécurité et aplanir tous les différends qui séparent l'Humanité en deux camps, on n'y est pas parvenu d'une façon adéquate. Les périls de la situation, le perfectionnement et l'efficacité des armements, surtout aériens, l'impuissance trop évidente de la S. D. N. et les dépenses militaires formidablement cyniques après la proclamation de la guerre hors la loi, donnent la mesure du bien fondé de l'énervement public. On sent trop d'électricité dans l'air pour ne pas prévoir que l'orage est tout près d'éclater. Où tombera la foudre ? Chacun espère « Chez le voisin. » Car personne, au fond, ne croit au paratonnerre de la S. D. N. ou à l'efficacité des travaux de ses organes d'arbitrage, de conciliation, de médiation et de désarmement.

Voilà la raison pour laquelle toute tentative, quelle que nébuleuse, imprécise, contradictoire, irréalisable qu'elle paraisse, éveille de suite une vague de sympathie, — hélas! passive — parmi les bien pensants et les pacifistes sincères. Voilà pourquoi il y a un devoir d'envisager tout projet ou proposition tendant sérieusement à organiser le monde ou l'une de ses parties en vue de la sécurité et de la paix qui en dépendent, avec toute sympathie et désir d'aboutir, si même on s'aperçoit de suite de la contradiction fondamentale qui existe entre ses «desiderata» et ses moyens d'exécution pratique.

On ne saurait cependant se soustraire à la constatation qu'il y a, d'autre part, un danger psychologique de plus en plus grand de donner à l'opinion publique, attendant avec une impatience accélérée des résultats tangibles, le spectacle de tentatives avortées, se résumant en déclarations sans aucun rapport avec les « budgets de méfiance mutuelle » en cours de progression depuis et malgré Locarno, Kellogg et Young. Il faut, il faut impérieusement, si l'on ne veut pas sous peu être débordé par des forces échappant à tout contrôle, que le piétinement sur

place du pacifisme déclamatoire, gouver-
nemental et privé, fasse place à des projets de reconstruction et d'adaptation aux
réalités présentes exécutables et à exécu-
ter sur-le-champ par la convergence des
efforts des Gouvernements et des sociétés
pacifistes et idéalistes de par le monde, devant s'entr'aider et non rivaliser.

Impuissants séparément dans tout travail idéologique, les Gouvernements et
leurs ministres idéologues d'un côté, les
pacifistes et leurs prophètes de l'autre,
pourraient devenir tout puissants sur l'o-
pinion publique si, alliés à titre égal, les
uns inspirant, les autres appliquant, ils
avaient le même élan de réforme internationale devant eux et la même volonté d'y
travailler non en rivaux, cherchant à s'at-
tribuer toute la gloire, mais en amis et alliés, écartant résolument et définitivement
toute méfiance, ainsi que les appétits ina-
vouables, si fréquents.

Appliquant ces considérations d'ordre
général au cas du memorandum du 17
mai, il nous paraît donc de toute première
importance de ne pas limiter les travaux
de la Conférence paneuropéenne à la
création, à Genève, en septembre 1930,

d'une réunion solennelle pour constater l'arrivée des vingt-six réponses des Gouvernements au memorandum, et pour en tirer quelques déclarations sonores, mais dénuées de toute application pratique. Loin de nous l'idée de l'insuffisance professionnelle des Chancelleries intéressées à rédiger ces réponses, aussi élégantes que bien motivées. Mais il paraît urgent de se rendre enfin compte du fait indiscutable qui handicape tous les travaux internationaux de ce genre à savoir: le premier, le grand devoir de tout Gouvernement et surtout de tout Gouvernement démocratique, est de servir au mieux son maître, c'est-à-dire son opinion publique qui, avant tout, exige de son représentant la défense de ses velléités nationales, qui envisage tout idéalisme international comme un dessert, très agréable après, mais non en remplacement du repas national substantiel.Les régimes autoritaires dont les dirigeants peuvent être, par hasard, des idéalistes ou même des illuminés, — tel Alexandre Ier de Russie, — qui sera probablement un jour canonisé, sont plus aptes à s'élever à un degré de « Bien public » que certaines démocraties

avec une presse à la solde de gros intérêts
financiers ou politiques, parfois fort peu
nationaux et avouables. Ce n'est pas que
les masses populaires ne soient pas ca-
pables des plus grands enthousiasmes humanitaires. Surtout si on les invite à sou-
tenir des initiatives tendant à améliorer
leur sort et les garantir contre les guerres, qu'elles ont en sainte et justifiée hor-
reur. Mais encore faut-il les y préparer
savamment, unanimement, d'une façon
simpliste et tangible. Les Gouvernements
même très responsables, — ce qui en pratique n'existe presque pas, — y sont rare-
ment aptes. Car, à peine au pouvoir, chaque Gouvernement de n'importe quel régime démocratique, oligarchique ou au-
toritaire, devient par ce fait même la ci-
ble et le bouc émissaire de tous les évin-
cés, qui font flèche de tout bois, pourvu
que de prouver son incapacité professionnelle, sinon sa duplicité. Que ce soit
« vive Machin! à bas Chose! » ou « vive
Chose! à bas Machin! » toujours, c'est
toujours la même chose! Une propagande
idéaliste, surtout internationale, gouver-
nementale, est d'autant moins efficace que
l'opinion publique est « patriotique », au

sens usuel du mot, d'autant moins que le pays est plus ancré dans ses traditions nationales, quelles qu'elles soient, d'autant moins qu'il est prospère et se croit être plus viril et plus fort.

Car l'Internationalisme se présente toujours comme un sacrifice, si minime qu'il soit, du nationalisme. Et le nationalisme, trop souvent encore, est ressenti comme le seul vrai patriotisme. C'est là un état psychologique des peuples modernes avec lequel tout penseur et réformateur international doit compter, s'il veut être compris et soutenu, non par « ceux d'en face », mais par les siens.

Aussi nous semble-t-il, que la condition préalable, « conditio sine qua non » de tout succès d'initiatives, telles que celles du gouvernement de M. Tardieu, est qu'on commence à éliminer des discussions paneuropéennes de Genève l'exclusivité des projets gouvernementaux, prévoyant à l'avance qu'aucun d'entre eux ne peut organiquement pas s'exposer à aller jusqu'au bout de la logique de son plan. Soit parce qu'il ne voudrait pas, avant les autres, ouvrir les cartes de son jeu particulier. Soit parce

que l'état momentané de son opinion parlementaire ne l'autorise pas à s'avancer
au delà de considérations générales, l'engageant le moins possible. Il faut, en effet, appeler au travail toutes les forces
vives et conscientes des peuples, si l'on
veut faire œuvre utile et ne pas se trouver
dans la position ridicule de la Commission
du Désarmement qui eut à subir une leçon
de sincérité intégrale, humiliante et déplacée, de la part des tortionnaires de
Moscou, ayant mobilisé jusqu'aux femmes et enfants de Russie, et osant se présenter à Genève avec le seul plan rationnel de désarmement! De ce plan ils se moquaient en pratique eux-mêmes, mais ils
l'ont avancé pour bien montrer aux masses qu'ils sont les seuls à le vouloir sérieusement, et que s'ils ne le mettent pas en
pratique, ce n'est que parce que les « bourgeois » n'en veulent pas et s'arment pour
les attaquer.

Nous ne suggérons nullement la transformation de la Conférence paneuropéenne en un meeting où n'importe qui
pourrait venir défendre n'importe quel
plan. Il ne faudrait pas sauter d'un extrême dans l'autre. Mais il y aurait, nous

semble-t-il, un juste milieu qui consiste-
rait à composer la Conférence de représentants les Etats intéressés, mais de soumettre à leur étude, à côté des mémoires
plus ou moins égoïstes et timides de leurs
chancelleries, certains projets privés qui,
comme celui de X, (voir Revue des Vi-
vants nᵒˢ de mai et de juin 1930), (1) sont
dignes d'une attention admirative, autant
pour leur sincérité objective que pour
l'ampleur de leurs prévisions détaillées. Il
serait difficile de voir un danger quelconque au fait que les mémoires officiels se
trouveraient officiellement juxtaposés
avec des mémoires privés de l'envergure
de celui de X. Car nul ne forcerait à en
prendre intégralement les suggestions

---

(1) Qu'il nous soit permis de signaler
aussi à l'attention du lecteur l'étude de
XX, parue dans la même revue (juillet), les
ouvrages de B. de Jouvenel (« Vers les Etats-
Unis d'Europe »), de G. Riou (« S'unir ou
mourir ») et les deux substantielles études
en réponse à la circulaire du 17 mai de MM.
Betmale et Pujo (« La Démocratie », juillet 1930). Quoique différant sur beaucoup
de points avec leurs auteurs, ces travaux,
par leur sincérité sérieuse et impartiale,
sont dignes de la plus intense attention
de leurs concurrents et critiques officiels et
officieux: car il importe de valoir, non de
se prévaloir!

« ne varietur ». Et les auteurs privés ne seraient pas appelés autrement que d'une façon privée, à en défendre et développer les propositions. Mais il y aurait un avantage énorme, au point de vue du radicalisme du travail à faire, — radicalisme nécessité par les conditions très dangereuses qui se créent sans qu'on puisse en arrêter le développement techniquement fatal, — à ne pas limiter la discussion aux «lieux», plus ou moins «communs», des diplomaties réciproques, dont l'opinion créatrice de tous les pays commence de plus en plus à avoir la nausée, mais de se «laisser pousser» par ceux qui ne sont gênés par rien, pour transcrire les aspirations humanitaires et progressives avec toute la franchise désirable, sans autre frein que leur conscience libre, souverainement libre vis-à-vis des réalités en contradiction permanente et mobile.

La question du succès désirable et nécessaire de la Conférence de l'Union Européenne se résume donc en cette constatation préalable: les Gouvernements et les diplomaties qui les représentent sont organiquement incapables de personnifier autre chose qu'une « moyenne à retardement », dont on n'aura jamais le temps de faire sortir un projet qui puisse enlever l'enthousiasme des élites, — voire des classes travailleuses, — et forcer la main aux Parlements nationaux auxquels il s'agit de demander, en définitive, le sacrifice d'une partie de leurs Souverainetés nationales, dont ils sont, à juste titre, les gardiens jaloux.

Par contre, seules les élites pensantes des peuples sont tout à fait à même de comprendre l'utilité supérieure de ce sacrifice et de l'expliquer à leurs concitoyens. Expliquer et y faire croire par le fait, que leur travail est désintéressé, et que leurs arguments viendront autant du cœur synthétisant, que du cerveau analysant.

Ce qu'il faut avoir le courage de ne pas perdre de vue dès la première et jusqu'à la dernière séance de la Conférence c'est le danger de conflits armés dans l'Est Européen d'ici très peu de temps, dans l'Ouest très probablement de suite après. A moins qu'on ne signe à temps des chèques correspondants pour se payer une Force Armée Internationale de, disons *cinq mille avions,* braqués contre celle des

Puissances dont les éléments armés se trouveraient sans la permission expresse de la S. D. N. sur ou au-dessus d'un territoire à elle étranger!

Comme on peut d'ores et déjà être certain que ce chèque de contre-assurance pour préserver de toute dérogation à l'équilibre existant ne sera pas signé à temps par ceux-là même qui y auraient eu le plus direct et immédiat avantage moral et financier, — nous disons la France et ses alliés de l'Est, — il s'agit de travailler assez vite et assez radicalement à Genève, afin que pour 1931 les Parlements respectifs puissent être saisis conjointement par un projet acceptable d'une série de conventions, créant des liens d'avantages et d'obligations entre les Etats européens... Economiques? politiques? C'est ce qu'il s'agit d'élucider au préalable, afin de ne pas aller à des échecs sûrs et certains.

———

Puisque la Russie et son opinion publique paraissent être non seulement momentanément, mais organiquement hors du débat, il pourrait paraître puéril de s'appliquer à fixer au point de vue russe,

les solutions d'une question qui semble
ne pas nous concerner. Mais ce n'est là
qu'une apparence. Matériellement indépendante et facilement détachable de l'Europe, dont elle ne fait pas plus partie
qu'elle ne fait partie de l'Asie, étant un
complexe en soi avec sa civilisation indépendante, dont sa littérature, ses arts, ses
mœurs et ses conceptions mondiales font
suffisamment foi, la Russie est la Russie
et rien de plus. Un continent psychique
appelé à jouer un rôle immense, peut-être
résolutoire, dans un avenir peut-être très
proche. Mais, à juste titre symbolisée depuis le seizième siècle par l'aigle à deux
têtes, dont l'une regarde l'Orient et l'autre l'Occident, la Russie ne saurait rester
étrangère à tout mouvement idéologique
de quelque profondeur, qui puisse intéres-
ser l'un des deux continents d'abord, le
Monde ensuite.

Considérant, d'ailleurs, l'Europe comme « la Patrie des saintes merveilles »
(Dostoevsky), la Russie n'oubliera jamais
ce qu'elle lui doit. La paix et la prospérité de l'Europe intéressent la Russie au
premier chef. Non pas seulement pour
cause de rapports économiques qui iront

34

en augmentant progressivement, mais aussi et, peut-être, surtout, en tant que laboratoire sacré de tout idéalisme mondial, de tout effort de concrétisation raisonnée du possible et de l'imaginable.

La Russie ne dépend presque pas de l'Europe. Elle en dépendra de moins en moins. Mais jamais elle ne sera vis-à-vis de l'Europe, ni froide, ni étrangère.

C'est pourquoi nous croyons bien traduire l'idéologie russe en tentant d'apporter ici notre modeste réponse à la grandiose question posée devant l'Europe par le pacifisme officiel français.

I

Y a-t-il une Europe ? Ce qui divisait l'Eu-
rope, était-ce superficiel ou profond?
constitutif ? ou résultat de malentendus
successifs ? Y a-t-il un idéal européen ?
Y a-t-il une civilisation européenne ?

Géographiquement l'Europe n'est qu'une
presqu'île du continent asiatique. Ethno-
graphiquement, elle est peuplée de nations à langues, traditions et mœurs très
différentes. Ses nations ne sont pas toutes
de même race, l'invasion des Huns ayant
laissé des traces profondes, les Indo-Eu-
ropéens étant cependant la race de beaucoup la plus nombreuse et puissante. Les
peuples d'Europe plus différents les uns
des autres il y a deux mille ans, que ne
l'étaient à cette époque les peuples de
l'Afrique du Nord ou de l'Asie Mineure,

ont subi, tous ensemble, l'école du Christianisme dans sa rédaction romaine. Du temps du pape Grégoire VII, on pouvait, avec raison, parler d'une Europe fédérée, en quelque sorte, sous son autorité spirituelle, non moins que ne l'était, mille ans avant, l'Empire Romain. Mais cette Europe ne comprenait que les pays de religion catholique romaine. Tout l'Est de l'Europe était en dehors de cette unification, dépendant spirituellement de l'autre moitié de l'Empire Romain, du trône des Empereurs Byzantins.

Avant le joug tartare (onzième siècle), toute l'immensité de la Russie d'Europe était en tant que civilisation, au niveau des peuples des pays d'Occident. Au point de vue des mœurs et du code, elle était même de beaucoup en avance (voyez le Code russe du onzième siècle, le système fédératif, le constitutionalisme républicain de Novgorod et de Pskoff, l'égalité des femmes, l'absence de peine de mort, l'éligibilité de l'administration, etc...). Le joug tartare asiatisa la Russie. Moscou qui en sortit victorieuse aux quatorzième-quinzième siècle, créa une civilisation toute autre que celle de la période de Kief.

Byzance anéantie par les Turcs, l'Est de
l'Europe à base de confessions unies par
la tradition apostolique et les dogmes des
sept premiers Conciles, mais divisé en
Eglises nationales indépendantes, se détacha tout à fait de l'influence de l'Europe de l'Ouest, et développa une civilisation à part, — la civilisation russe, dont
les autres peuples slaves, les uns ortho-
doxes (Bulgares, Serbes), les autres catholiques (Polonais, Tchèques, Slovaques,
Croates) subirent de plus en plus l'influence littéraire et raciale (épanouisse-
ment à la deuxième moitié du dix-neu-
vième siècle, mais avant-coureurs bien
avant).

Parallèlement à cette cristallisation de
l'Est de l'Europe, autour de Byzance
d'abord, de Moscou-Péterbourg après. —
l'Ouest de l'Europe subit, lui aussi, un
choc formidable. Le luthérianisme, l'an-
glicanisme faisant suite aux tentatives
plus ou moins avortées des Albigeois, des
Hussites, des Savonarolla et des Wicleff,
détacha de l'unité spirituelle de Rome une
bonne moitié des Européens, et notamment presque tous les Germains et Anglo-
Saxons. Les Celtes, les Slaves, les Hon-

grois-Touraniens, les Latins sont restés
dans la discipline de l'autorité romaine.
Mais les Anglo-Saxons, les Germains, (y
compris les Scandinaves et les Finlan-
dais, Esthoniens, — Touraniens aussi) se
révoltèrent, plus politiquement que reli-
gieusement, contre le principe d'une autorité absolue, étrangère, leur déniant le droit
de libre examen de conscience, en tant que
base de la vie spirituelle collective.

Ce n'est pas là le résultat des hasards de
la lutte pour le pouvoir, de la supériorité
accidentelle de certains sur les autres, ou
des appétits matrimoniaux exagérés d'un
Henri VIII, quoique « Sa Majesté Le Hasard », comme l'appelait Frédéric II. y a
joué, certes, un rôle immense. Exemple :
les Bavarois, les Autrichiens, les Belges,
les Hongrois, les Polonais et les Tchèques
sont sortis catholiques de la lutte des
religions, cependant que plutôt frondeurs
indépendants par leur caractère; tandis
que les autoritaires prussiens et suédois
ont passionnément embrassé la Réforme.

Il y a là, nous semble-t-il, un indice profond, « summa sumarum », d'une diver-
gence psychique entre deux groupes de
peuples d'Europe, enfin cristallisés par le

hasard des luttes interminables en vingt-
sept Etats, dont les frontières politiques
sont loin de correspondre aux frontières
ethnographiques ou religieuses de leurs
populations réciproques.

Comme la politique et d'autant plus
l'idéologie politique, — tel le projet de
l'Union Fédérative Européenne, — sont
fonction de psychologies nationales, formées et dépendantes durant des centaines
d'années (donc jouant par atavismes re-
foulés dans les subconscients actuels), des
directives données par les souverains,
leurs Cours et les autorités ecclésiastiques;
comme ces psychologies sont actuellement formées et dépendantes presque exclusivement de et par la Presse (qui influence les chancelleries plus qu'elle n'est
influencée par elles), on peut et doit affirmer, raisonnant « in abstracto », qu'il
peut y avoir une réalité d'une Europe
Une, qu'il peut y avoir volonté systématique de l'organiser, et qu'il est possible de
créer des organes de la matérialisation de
cette réalité.

*Mais, en tant qu'entité psychique et
politique, l'Europe, quant à présent,
n'existe pas.* Ceci en dehors de la question

des Balkans et de l'Est de l'Europe, en général. Entre l'Italie, l'Espagne, la France, la Grande-Bretagne (l'Irlande?), l'Allemagne, les Pays de l'Escaut, les Scandinaves et les Slaves, il n'y a ni identité d'histoire, ni identité de buts, ni identité de traditions, ni identité de langues, ni identité de mœurs, ni identité d'intérêts vis-à-vis des autres groupements humains, ni, surtout, identité de possibilités pour progresser physiologiquement, moralement, intellectuellement et économiquement.

Il y a, certes, des parallélismes. Mais ces parallélismes ne sont que temporaires, parfois momentanés, et, tels qu'ils sont, sentis et compris différemment par les peuples.

Aussi, quelque triste que puisse paraître pareille conclusion, il est oiseux et dangereux de fermer les yeux sur la profondeur des divergences séparant les peuples et les Etats de l'Europe en des groupes à tendances et intérêts opposés. Car il ne s'agit pas de créer au sein de la S. D. N. un organisme factice de plus, se nourrissant de belles phrases et nourrissant (grassement) une chancellerie modèle, où tous les Etats rivaliseraient pour avoir le plus de places possibles pour leurs ressortissants. Il

s'agit de s'organiser pour sauver la civilisation commune à tous et le bien-être
des populations, affaiblies par une suc-
cession de guerres et habituées à exploiter
les autres continents, en les fructifiant par
leur savoir laborieux et leurs capitaux
productifs de travaux immenses et rému-
nérateurs.

Il s'agit, surtout, de sauver ce bien-être
et cette civilisation de deux fléaux qui la
menacent de deux côtés : la main mise
économique et financière des Etats-Unis
d'Amérique d'un côté, l'infiltration progressive et la corruption des centres ner-
veux par le poison psychique dissolvant
de Moscou, de l'autre.

Car, s'il n'y a pas d'Europe, il y a certainement une civilisation européenne,
joyau précieux, dont la génération présente a hérité des cinquante générations
précédentes et qu'il s'agit de transmettre,
idéologiquement plus pure et plus puissante, aux générations à venir. C'est là l'intérêt primordial, non seulement des peuples de l'Europe, mais de tous les autres
aussi, sans exception aucune. Car la civilisation européenne est *la civilisation humanitaire, libérale, démocratique, tolé-*

*rante envers les particularités de chacun,
souple et efficiente, pleine de beauté et
d'enthousiasme vivant, sûr de lui-même,
seul capable d'unir l'Humanité future sous
le même drapeau du respect de chacun
pour tous et de l'amour de tous pour chacun.*

Les civilisations, grandes et superbes
dans leur passé, d'Orient et d'Extrême-
Orient, n'ont pu et ne peuvent actuellement pas créer un idéal mondial capable
d'organiser le monde. Elles sont forcées
de suivre l'Europe et la suivent tout en
voulant mettre les Européens à la porte
de leurs maisons. La jeune civilisation
américaine serait certainement et sera
un jour capable de verser une nouvelle vi-
talité idéologique et pratique dans l'Humanité, prise comme un tout. Mais ce
jour n'est pas encore arrivé et, à en ju-
ger par la grossièreté et la dureté de certains procédés américains, la corruption
éhontée de leur vie publique, l'outrecui-
dance de parvenus, nouveaux riches,
qu'ils étalent à toute occasion, les Américains ne sont pas, à l'heure actuelle, à la
hauteur de la tâche de conduire le monde.
La vieille Europe, sans fausse honte, peut

et doit conclure que ces jeunes gens-là doivent d'abord « se faire les ongles » et « apprendre les manières » pour pouvoir prétendre à devenir les arbitres du Bien, du Juste et du Beau.

Quant à la Russie, subissant un deuxième joug tartare, elle est momentanément hors de question. Mais son heure viendra. Elle se ressaisira. Et elle offrira, sans insister, par l'exemple de l'organisation à neuf de sa vie sociale et collective, la preuve palpable de ce que peut être un Etat vraiment fraternellement chrétien. Mais son heure viendra après les éclipses : européenne (politicienne) d'abord, américaine (financière, impérialiste) ensuite.

L'Europe n'existe pas, mais la civilisation européenne doit dominer le monde pour qu'il s'organise et en finisse avec les guerres et les révoltes fratricides et suicidaires. Ceci est une réalité possible et non un paradoxe ou une utopie : car les Européens, c'est-à-dire les hommes imprégnés par la civilisation européenne, ne sont pas seulement en Europe. Ils sont partout, — chez les blancs, comme chez les jaunes, comme chez les noirs... Toutes les élites de tous les pays en sont. C'est là la grande

possibilité. Il ne s'agit que de les unir et de
leur proposer un plan juste et acceptable
pour tous. L'Europe en a le devoir. La
France, personnification intellectuelle et
sentimentale de l'Europe, a la parole pour
donner l'exemple. Elle l'a prise. Elle a bien
fait. A tout le monde de la seconder en
toute franchise et en toute bienveillance.

II

*Quelles sont les limites de l'Européis-
me et les frontières de l'Europe aux
fins d'y appliquer l'idée de l'Union? Re-
marque-t-on au sein de la S.D.N. une ligne de démarcation bien distincte entre
membres européens et non européens ?
Sinon, l'Union Fédérative Européenne
est-elle réalisable et désirable? Y a-t-il
concordance d'intérêts politiques et économiques? Sinon, lesquels devraient pré-
dominer pour réaliser l'union désirable?*

Ce qui a été dit précédemment suffit,
nous semble-t-il, pour affirmer que l'Européisme n'a pas et ne peut pas avoir de
limites correspondantes aux frontières des
Etats, ou même des nations, des races, des
continents. C'est un état d'âme. C'est un
degré de civilisation. C'est une hérédité.

C'est une éducation. Il peut y avoir et il y
a des Persans plus européens que certains
Français; des Chinois plus européens que
certains Allemands; des Japonais plus européens que certains Italiens; des Hindous
plus européens que certains Anglais; des
Turcs plus européens que certains Russes;
des Arabes plus européens que certains
Espagnols; des nègres plus européens que
certains Américains.

L'Européisme est une volonté d'hu-
manitarisme et de Paix dans le Droit, ainsi
que de la prospérité de tous. C'est le culte
des valeurs spirituelles prenant naturellement le pas sur les valeurs matérielles.
C'est la bonne éducation chez les hommes.
C'est la douceur gracieuse et intelligente
de la femme, influençant et dirigeant
l'homme vers une justice de cœur, devant
prévaloir sur la justice de la lettre. C'est
le constitutionalisme où chaque citoyen est
participant de la Souveraineté. C'est la
justice inamovible et indépendante. C'est
l'administration digne, modeste et polie.
Ce sont les élections périodiques et libres
de toute pression. C'est la Presse sachant
tout, critiquant tout, ne servant que la
Vérité. C'est l'alliance du Capital et du

Travail. C'est le don volontaire ou forcé par l'opinion publique, des riches en faveur des pauvres. C'est le sacrifice volontaire des puissants au profit des faibles. C'est l'évolution raisonnée et collective. C'est le démocratisme à base du respect du passé et de la soif d'un meilleur avenir. C'est le progrès voulu et organisé. C'est l'idéalisme régénérateur et constructeur. C'est la machine au service de l'intelligence. C'est l'intelligence au service du cœur. C'est l'enthousiasme de la régénération continuelle. C'est la douce ironie de la conscience avertie par l'expérience. C'est la droiture. C'est la fermeté. C'est le travail organisé. C'est l'apostolat d'une religion intérieure éclairant la vie sociale toute entière. C'est le sacrifice voulu et persévérant de l'immédiat au lointain, du subjectif à l'objectif, de la matière à l'esprit...

Ce n'est, certes, pas l'Europe actuelle qui a le monopole de cette mentalité, et ce ne sont peut-être plus les Européens d'origine qui, en cette époque, la personnifient le mieux. N'empêche, que c'est l'Europe qui est la mère, que ce sont les Européens d'origine qui sont les pères de cette mentalité, et que, par hérédité et traditions, les Européens y sont les plus aptes, en tant que collectivités.

Les êtres, hommes et femmes, qui pardessus les mers et les frontières portent en eux et aspirent malgré les accrocs et les désillusions de la vie quotidienne, vers cette conception de la vie, née en Europe, et ayant conquis les idéalistes du monde entier, sont européens dans le sens profond, seul digne d'intérêt, du mot. Ils n'ont pas besoin de pactes et d'actes pour s'entendre. Parlant des langues différentes, ayant la peau de toutes les nuances, du blanc, du noir, du rouge, du jaune, ils sentent et veulent la même chose. Leur entente est acquise et s'ils étaient les maîtres du « volant mondial », la machine « de la Paix par le Droit dans la Liberté » roulerait en droite ligne et avec une vitesse progressive vers le Royaume de Dieu où toutes guerres et révolutions seraient contre nature, incompréhensibles et irréalisables, puisque sans objet.

Mais ils ne sont pas au volant. Plus triste que cela : ils en sont de plus en plus écartés par les arrivistes cyniques ou hypocrites qui leur volent leur idéal et jusqu'à leurs formules socia-

les, pour se les approprier et en faire
des plate-formes politiques à base d'intérêts égoïstes, dissimulés par un verbiage
approprié au goût et à la naïveté incom-
mensurablement crédule des foules, sou-
veraines en théorie, menées, en fait,
comme des troupeaux à l'abattoir.

Le démocratisme démagogique est à
l'ordre du jour dans toutes questions tou-
chant les réalisations politiques et sociales.
L'élite, européenne de cœur, mondiale en
tant que races et nations, est noyée et im-
puissante dans sa retraite digne et modeste. La vraie démocratie — au sens
aristocratique du terme, c'est-à-dire non
par un sang privilégié et présomptueux
mais par l'application constante de la
formule: « noblesse oblige » — personnifiée par le type du « world-gentleman »,
n'est pas encore réalisée en puissance
idéologique suffisante. Il paraît, par conséquent, évident que, à l'heure décisive
où va se discuter le memorandum français et quand, à la veille de nouvelles con-
flagrations devant lesquelles les événements de 1914-1918 ne paraîtront que
comme des précurseurs presque anodins,
il est inutile de se laisser bercer par l'illu-

sion, que ce vrai Européisme se fera jour à Genève. Il ne pourra pas prévaloir dans l'esprit des représentants des Etats qui, par contre, et en accord avec la tradition de Genève, y viendront planter l'arbre de n'importe quelle paix et de n'importe quelle entente en paroles, tout en se réservant des échappatoires pour sacrifier le minimum et pour gagner le maximum du possible dans l'occurrence. Cet Européisme déclamatoire, de surface, est à la mode et sert d'excellent paravent pour cacher les vrais buts égoïstement nationaux qui, sur un plan parfaitement légitime, mais d'un ordre plus bas et plus restreint, poursuivent des réalisations pratiques et immédiates.

Tel a été l'objectif du plus typique européen de ce genre, M. Gustav Stresemann, glorifié à juste titre en Allemagne et ailleurs comme « libérateur du Rhin », ayant gagné par sa « souplesse européenne » l'admiration de tous les ex-vaincus et de certains aveugles parmi les vainqueurs, ne voulant ou ne pouvant comprendre que « jouer la carte européenne » était le seul atout réel que l'Allemagne nationale avait dans son jeu, avant que les gages ne lui

soient pas lâchés, avant que, par là, elle
ne redevienne seule maîtresse de ses des-
tinées, le plan Young lui ayant, par ailleurs, rendu l'inestimable service de cou-
per tout lien entre sa dette de guerre com-
mercialisée et sa politique de revanche,
d'ailleurs toute naturelle et dont tout le
monde à été honnêtement averti.

A la question : Où sont les limites de
l'Européisme, seul capable de pacifier et
d'organiser l'Europe comme un tout, la
réponse négative s'impose: nulle part et
partout. Car cette frontière entre Européens et non Européens passe très souvent au milieu d'un pays, d'une confes-
sion, d'une nation, d'une ville, d'un quar-
tier, voire même d'une famille, pouvant
être très unie par ailleurs.

C'est une étape idéologique. Ses limites
sont mouvantes et imprécises géographiquement, mais elles seraient fort faciles
à établir par voie d'enquêtes psychologi-
ques collectives. On n'y est pas encore.
Force nous est donc de revenir aux tristes
réalités et d'envisager l'Europe en tant
que terme politique et économique.

Où sont les frontières de cette Europe?
La circulaire française s'est adressée à

tous les Etats européens qui, d'après les
manuels scolaires, sont dénommés tels,
avec, toutefois, deux exceptions. La Russie soviétique et la Turquie ont été appe-
lées à prendre connaissance du memorandum, mais, quant à présent, elles n'ont pas
été invitées à participer aux délibérations
décisives et même préalables. Elles sont
donc classées comme Etats extra-européens. Mais la Grande-Bretagne, avec son
Empire? et les empires coloniaux français, italien, néerlandais, belge, danois,
espagnol, portugais? Ces Empires ne
sont certainement pas l'Europe en tant
que notion géographique. Politiquement,
elles le sont, peut-être, sous une certaine
mesure, n'ayant pas de vie volitive individuelle, politique, distincte. Toutefois,
avec l'exception résolutoire des Dominions britanniques. Le Royaume-Uni pour-
ra-t-il jamais admettre de se trouver
coupé de ses parties vitales afin de siéger
dans l'Union européenne rien que par sa
tête, son corps décapité, absent, cette tête
ne pouvant constitutionnellement dire ni
oui ni non, sans consulter au préalable
ses Dominions, et même le Gouvernement
des Indes qui n'en est pas encore un, mais

qui a son siège distinct à la S.D.N. et dans
tous les organismes internationaux?

Il paraît évident, que la Grande-Bretagne ne pourrait entrer dans l'Union qu'au
nom de toutes ses parties, ou qu'elle n'y
entrerait pas du tout. Et la logique politique la plus élémentaire demande que ce
soit la deuxième alternative qui prévaille
pour le bon ordre des parties en pré-
sence.

Un cas différent se présente pour les
Etats européens possesseurs de colonies
riches et puissantes, mais n'ayant, quant
à présent, pas de vie politique propre. Il
paraît contre nature que dans n'importe
quel organisme représentatif et résolutoire, les grandes Puissances, telles par
exemple la France, l'Allemagne, l'Italie,
consentent à avoir le même nombre de
voix et la même valeur d'activité virtuelle
que les petites Puissances, ayant cependant leurs Souverainetés bien délimitées.
Une fois qu'il s'agira de limiter la souveraineté des participants à l'Union au profit de la Super-Souveraineté de cette dernière — sans quoi l'Union fédérative ne
serait plus qu'une conférence périodique
sans pouvoir ni objet, plus dangereuse

par ses intrigues de coulisse, que profitable à la Paix par l'unification des intérêts
— on devra bien envisager une certaine
proportionnalité entre la population ré-
gie par telle ou telle autre Souveraineté
et le nombre de ses représentants au sein
de l'Union.

Faudrait-il faire abstraction totale des
Colonies? Ce serait peut-être une solution
juste. Mais il paraît fort douteux que, par
exemple, la France, étant moins peuplée
sur le Continent européen que, disons,
l'Italie et, surtout, que l'Allemagne, mais
qui l'est beaucoup plus de par le monde,
consente à être moins représentée dans
l'Union que ces deux pays, ses rivaux
naturels, et n'aspirant qu'à s'agrandir,
alors qu'elle ne pense qu'à conserver, en
consolidant le statu quo?

D'un autre côté, que deviendraient, au
point de vue du poids des décisions, les
petits Etats? tels par exemple : la Grèce,
le Danemark, même l'Espagne? si les décisions de l'Union étaient prises par des délégués nommés au prorata des populations totales, les colonies y incluses? Il est
plus que naturel de prévoir, qu'ls ne vou-
draient pas d'une pareille tutelle et préfé-

reraient de beaucoup ne pas du tout voir
sa naissance, gardant plus de chances de
faire valoir leur intérêts sur la tribune
plus large, plus impartiale de la S. D. N.

Mais, pourrait-on dire, pourquoi ne pas
reconstituer en petit, sauf pour l'Empire
britannique qui en serait exclu, le système
de représentation de la S. D. N.? « Prima
faciæ » ceci ne pourrait paraître réalisable,
au point de vue des petits Etats, qu'à l'une
des deux alternatives, soit : 1° que l'Union
européenne se laisse castrer à l'avance de
toute virilité en admettant le principe du
« liberum veto » qui a coûté la vie à la
Pologne du dix-huitième siècle; soit : 2°
que tous les petits Etats se groupent définitivement en unités de fait solidement
fédératives au sein même d l'Union (telles
disons : la Petite Entente, les Trois Pays
Scandinaves, les Quatre Pays Baltiques,
— la Suisse, l'Autriche et la Hongrie, —)
aux fins de contrebalancer les Etats plus
populeux et représentés par un nombre
de délégués proportionnellement plus
grands que les leurs, pris séparément.

Tout ceci, en temps normal, paraît déjà
très compliqué et difficilement, sinon len-
tement, réalisable, Mais il y a une seconde

question autrement difficile et délicate à
l'heure qu'il est, que ne le serait celle
de la représentation et des votes adéquats.
C'est, notamment, la question de savoir
si, politiquement parlant, l'Union européenne, non déclamatoire, mais réelle, est
souhaitable, étant donné que la S. D. N.
est là pour servir et développer les conditions de paix et d'ordre à base de justice sur le globe tout entier?

La réponse à cette question serait déci-
dément et franchement négative, si la S.
D. N. était à la hauteur de la tâche, qu'elle
s'était posée; si son autorité grandissait;
si elle était en voie de réformes viriles et
non de bureaucratisation et de paralysie
progressive; si tous les Etats la reconnais-
saient comme autorité morale suprême,
et envisageaient de la doter enfin d'une
Force Armée adéquate à sa dignité morale
et juridique.

Considérant la S. D. N. telle qu'elle est
en réalité, c'est-à-dire organiquement im-
puissante, grandiloquente et trop souvent
hypocritement injuste (Corfou, Vilna), il
serait préférable de ne pas en compliquer
le travail par une sorte de rivalité intérieure, inévitable, en favorisant involon-

lairement, mais indubitablement, la cristallisation des autres races et, continents
contre la vieille Europe, fatiguée, affai-
blie et entrant, en partie, dans une période
de sénilité précoce, s'il y avait la moindre
chance d'espérer de vivifier, tel quel, en y
appliquant le sérum Jaworsky, sinon le
procédé Voronoff, l'organisme de Genève,
et de créer, par étapes, la réalisation par
la S. D. N. de la Super-Souveraineté mondiale, complétant, dans la mesure de leurs
consentements, libres, les Souverainetés,
indépendantes en principe, de tous les
Etats, quelque petits qu'ils soient. Mais cet
espoir paraît, à l'heure actuelle, éphémère.

Cette carence virile de la S. D. N. hélas!
démontrée et donnée pour un laps de
temps indéterminé, l'Union Fédérative Européenne, si elle était réalisable, serait désirable en tant qu'exemple et étape pour
une organisation mondiale du même genre. Mais alors la question se pose: Serait-
elle politiquement désirable? à cette condition expresse qu'elle serait un avant-
garde du mouvement pacificateur mondial? Et, étant donnée cette condition
remplie, *l'union projetée est-elle réalisa-*

ble dans les circonstances données? En toute conscience il faut répondre : Non, *en tant qu'unité politique; Oui, en tant qu'unité économique,* en en excluant la Russie (quel Gouvernement qu'elle ait), puisque la Russie se suffit à elle-même et que son Empire asiatique est plus grand, bientôt plus riche que sa partie dite européenne, ces deux parties d'ailleurs indivisibles géographiquement, économiquement, se complétant l'une l'autre et réalisant déjà, sur une échelle énorme, le desiderata de tout économiste éclairé: le libre-échange.

Ceci sur une étendue beaucoup plus grande que l'Europe qu'il s'agit d'unir.

L'Union politique est *irréalisable de bonne foi,* sans une révision des traités d'après-guerre qui, justes ou non, constituent un fait départageant l'Europe en deux camps : les *statu-quotistes,* 6 puissances : France, Belgique, Tchécoslovaquie, Yougoslavie, Roumanie, Pologne ; les *révisionnistes*: Allemagne, Italie, Hongrie, Autriche, Bulgarie, Albanie (satellite de l'Italie), Lithuanie.

L'ombre immense, rouge-feu, de la Russie soviétique méduse et paralyse toute évolution libre de ses petits voisins immé-

diats. La Grande-Bretagne, les Pays-Bas,
la Suède (par sympathie allemande), l'Espagne, la Grèce, restant neutres en apparence à cette question de révision, en réalité sympathiseraient plutôt aux révisionnistes. La Norvège, le Danemark, la Suisse, le Portugal, le Luxembourg, les Etats
Baltiques, la Finlande, seraient plutôt pour
le *statu quo* (de peur de plus perdre dans le
gâchis de la révision que d'y gagner). La
Finlande voudrait profiter d'un conflit
général avec les Soviets pour s'approprier
la partie Nord-Est de la Russie... répétant
à son profit le geste peu élégant, et com-
bien dangereux! de la Roumanie avec la
Bessarabie.

Une pareille départition d'aspirations
profondes et fondamentales, accompa-
gnée dans tous les pays (en Allemagne, Pologne, Soviétie, Italie, chez les Baltes plus
qu'ailleurs), d'armements correspondants,
rend toute tentative d'union honnête entre les Etats à buts politiques diamétrale-
ment opposés, vouée à un insuccès sûr,
voilé par les phrases d'usage, qui ne trom-
pent plus personne, même pas les lecteurs
« d'un seul journal ».

Il y a, il faut bien le dire, un énorme

danger à laisser la question de l'Union s'aventurer sur le terrain brûlant de la politique. Ceci, malgré l'avantage évident d'une provocation nette et franche à préciser les buts nationaux de chaque Etat, opération très utile pour avertir le grand public du danger qui le menace du côté des révisionnistes, avertissement que la France, il faut l'espérer, aura le courage et le grand mérite de faire « urbi et orbi », à Genève.

Après l'évacuation du Rhin, il n'y a plus de menace directe qui puisse obliger les patriotes allemands à temporiser. Leur enthousiasme chauvain, fougueux et bien organisé fera vite taire les modérés de sentiments et de langage. Quant aux communistes, ils feront tout pour encourager la poussée révisionniste. Car leur seule et unique chance d'une Révolution générale, à laquelle ils ne rêvent pas, mais travaillent inlassablement, est une guerre, forcément impopulaire dans les masses, même en majorité patriotiques, telles que les masses françaises ou allemandes. C'est à cet effet que les organes rouges préparent depuis des années leur public à l'idée de l'encerclement de l'Etat proléta-

rien, à la guerre défensive, et, pour cette
raison, inévitable; à la nécessité d'armer
le prolétariat de par le monde; de désorganiser le principe même de n'importe
quelle autorité, afin de préparer les esprits
des masses en leur « bourrant le crâne »
pour les rendre dociles aux meneurs, et
pour tomber sur les autorités, quelles
qu'elles soient, aussitôt un conflit com-
mencé n'importe où, n'importe pour
quelle cause.

Pour toutes ces raisons, il paraît d'ores
et déjà certain qu'une discussion d'une
Union allant plus loin que l'exposé des
desiderata politiques de chaque Etat, est
plus dangereuse qu'utile, puisque cette
discussion ne fera que tendre, plus qu'ils
ne le sont déjà, les rapports, et augmen-
tera, en les concrétisant, les divergences
entre les deux groupes de Puissances,
dont les buts politiques sont et resteront
opposés.

Ces divergences doivent être vaincues
par un effort général, patient, de l'unification des législations quant aux droits des
minorités, par la création de la Force Armée Internationale, permettant enfin de
parler sérieusement d'un désarmement

progressif, par l'interpénétration sociale, nationale et économique, — surtout cette dernière, dont le développement devrait, par contre du côté politique, être le pivot réel des travaux de la Conférence de l'Union Européenne.

———

III

L'exclusion de la Grande-Bretagne et de la Russie doit-elle être définitive si l'Union n'est projetée que dans le domaine économique ? Ces deux Empires ont-ils besoin de l'Europe ? L'Europe en a-t-elle besoin ?

L'impossibilité d'inclure à base de représentation proportionnelle, — seule équitable, — les deux masses politiques des Empires britannique et russe, sans créer pour cela même un déséquilibre intérieur en défaveur des petits États, implique de répondre à la question de leur participation rien qu'au point de vue économique. Politiquement parlant, comme nous croyons l'avoir déjà démontré, ni l'Empire britannique, ni l'Empire de Russie ne sont européens. Ils constituent des entités trop puissantes pour faire partie

"

d'un organisme plus petit qu'eux-mêmes.
Etnographiquement et géographiquement
ils ne sont pas européens. Ne pouvant se
disjoindre pour faire plaisir à l'Europe
et pour pouvoir occuper une place égale
aux autres dans un lit qui, pour eux, ne
saurait être que celui de Procuste, les
deux Empires qu'on suppose être organiquement rivaux, mais qui n'ont aucune
raison de l'être, puisque leurs sphères
d'action de par le monde peuvent être et,
en fait, sont délimitées strictement, ont
avantage, étant des organismes fédératifs,
de garder leurs personnalités internationales libres et en pleine jouissance de
leurs souverainetés raciales, sociales et
religieuses des peuples, dont ils assument
les responsabilités d'administration.

Etre invités par courtoisie aux délibérations de l'Union Européenne, y assister et, peut-être même, y prendre part à
titre d'observateurs bienveillants, mais
sans se laisser lier par aucune décision,
— constituerait, semble-t-il, une solution
élégante de la participation idéologique
des deux Empires à l'œuvre d'entente européenne, si celle-ci réussissait à prendre
une forme politique autre que puremnt

déclarative, sans obligations ni sanctions réelles.

Autre chose, si l'Union, ainsi que cela paraît à la fois plus réalisable et plus utile, prend le caractère purement économique, en laissant de côté toute tentative de Fédération politique, inexécutable et dangereuse à l'heure actuelle, pour cause de frontières, sur la justice desquelles l'Europe est et reste profondément divisée.

Sous son aspect économique, l'Union se présente très différemment vis-à-vis des deux Empires. Pour l'Empire Britannique tel quel, départagé par des cloisons douanières intérieures, de pénétrabilités très différentes et indépendamment changeantes, à base d'un Libre-Echange théorique en ce qui touche la Métropole, l'Union Economique Européenne constituerait : 1° un bienfait très appréciable pour le Royaume d'Angleterre et d'Ecosse, puisqu'il mettait ses populations et industries à même de profiter du privilège de l'Union avec le continent; 2° des statu-quo variables pour les Dominions et les colonies de l'Empire ayant leurs systèmes de protectionnisme indépendants, puisque, bien entendu, ces parties de l'Empire garderaient leur indépendance économique vis-à-vis de l'Europe, comme par avant.

Nous croyons pouvoir affirmer que les dernières statistiques établissent le rapport déficitaire des balances commerciales du Royaume-Uni envers les pays de l'Union projetée; elles prouveraient d'une façon incontestable que le Royaume aurait tout à gagner dans une participation à l'Union : ses produits, de qualité supérieure, entreraient en franchise sur le Continent, et, quoique peut-être plus chers, vu le coût de la main-d'œuvre anglaise, trouveraient des placements dans les classes plus aisées de la population continentale, augmentant par là leurs débouchés actuels (donc la production) dont s'ensuivrait une diminution sensible du chômage, problème cardinal pour le Royaume.

La question est, toutefois, de savoir si les Puissances continentales de l'Union accepteraient assez vite une solution assez radicale de la suppression des droits d'entrée au sein de l'Union, pour que cet effet profitable à l'industrie britannique puisse se produire.

Vu l'extrême lenteur et la timidité excessive de toutes les initiatives de ce genre, il est permis d'en douter. Et alors le problème se présente pour le Royaume d'une façon toute différente. Ni le « Derating Bill », ni le « Safeguarding act » avec sa lutte contre la « Unfair Competition » n'ont réussi à diminuer le chômage, s'approchant actuellement de deux millions d'individus sans travail, soutenus aux frais de l'Etat, et dont chacun présente une perte de £ 150 par an. Rien d'étonnant que même de vieux libre-échangistes comme Lord Melchett (ci-devant Sir Alfred Mond) en arrivent à insister pour limiter le « libre-échange » à l'Empire lui-même, en se formant « un Empire mondial britannique sans barrières, arrêtant les relations entre ses membres, avec un commerce garanti et protégé du reste de l'univers, avec les industries rationalisées? ». (Je cite d'après Max Lambert : Où va l'Angleterre? p. 174.)

L'idée de l' « Union Impériale Libre-Echangiste britannique » gagne de plus en plus du terrain. Il faut avoir en vue son triomphe graduel, puisque naturel, par étapes, aussitôt les travaillistes écartés

du pouvoir, ce qui ne tardera pas à venir.
Une fois l'Empire britannique engagé
dans la voie d'une unification économique impériale, contrebalançant celles
des Etats-Unis et de la Russie, on peut
se demander : l'Union européenne a-t-elle
avantage à englober un corps de cette envergure?

Nous répondons résolument : Oui. Car
l'Union n'aurait rien à y perdre et le
principe progressif et rationnel aurait
tout à y gagner en tant qu'ampleur. Autre
question : La Grande-Bretagne, dans ces
conjectures, a-t-elle à gagner en entrant
dans l'Union — même purement économique — avec tous ses Dominions et
les Indes?

Il est à craindre que la réponse à cette
question serait négative. Car si les hommes d'Etat britanniques envisagent
l'union douanière avec les autres parties
de l'Empire, c'est justement pour conso-
lider l'Empire par opposition aux pays
qui n'y appartiennent pas. Or, où serait
cette consolidation si les produits (voire:
les entreprises), allemands, français ou
italiens, avaient libre accès à l'égal des
produits anglais, disons, aux Indes et au

Cap? La prudence exige donc, aux fins de
réussir l'Union sans discussion ni réti-
cences interminables, d'en construire les
assises sans prendre l'Empire britannique
en considération, en tant que membre in-
dispensable. Respectant son esprit d'indépendance, et ne se laissant pas dominer
par la peur de ne pouvoir faire quelque
chose de solide sans lui, il faudrait, semble-t-il, lui donner le temps de réfléchir et
de voir venir, faisant l'Union en dehors
de sa participation immédiate ou directe.

———

Pour la Russie (en dehors de la question
de son régime), la question se pose autrement. La Russie forme déjà une union
douanière complète sur un territoire immense habité par 150 millions de consommateurs aujourd'hui, 200 millions
demain. En plus de cela, elle est posses-
seur de matières premières (naphte, cuivre, fer, charbon, bois, coton, lin, blé, pla-
tine, or, manganèse, pierres précieuses,
etc... etc...) en abondance suffisante. Plus
que cela : nécessaires pour débarrasser
l'Europe de l'emprise des Etats-Unis
d'Amérique. Si l'Empire britannique, avec

ses Dominions du Canada et d'Australie,
entrait dans l'Union douanière euro
péenne, la question du ravitaillement européen se simplifierait singulièrement.
Mais pour les raisons que nous venons
d'esquisser, — et les chiffres en apporte-
raient des preuves définitives, — la
Grande-Bretagne n'est ni psychologique-
ment, ni matériellement, en train de participer à l'Union européenne de suite et
radicalement.

L'Union aura donc besoin de la Russie.
Mais, par contre, la Russie n'a nullement
besoin de l'Europe. Quelles que soient les
exagérations du rapport du Commissaire
Kouibicheff aux assises soviétiques de ces
jours-ci, admettant même que les chiffres
impressionnants qu'il a cités et la certi-
tude de parachever le plan d'industrialisation quinquennale en 3 1/2-4 ans soient
plutôt sur papier qu'en réalité, un fait
reste certain : c'est qu'ayant réduit à l'esclavage économique et psychique un peuple puissant sur un territoire à ressources
illimitées, les Soviets réussiront, malgré
tout leur bureaucratisme et l'imprécision
démontrée de leur travail, à refaire de la

Russie un pays économiquement indépen-
dant et même, exportateur à outrance (par
voie de dumping).

L'Union européenne aurait intérêt à inclure la Russie. Mais la Russie n'a aucun
intérêt à se laisser tondre par le capital
européen, — à moins de compensations
substantielles, qu'on sera à juste titre très
peu désireux de lui donner, alors qu'elles
iraient, à coup sûr, pour augmenter les
subsides aux groupements perturbateurs
de paix et serviraient la cause des désor-
dres de toutes sortes, fomentés et payés
de par le monde.

Force nous est donc de conclure que
même réduite à un problème de pure
économie, l'Union Fédérative Européenne
doit, pour réussir, construire son édifice
conventionnel en dehors de la Grande-
Bretagne et de la Russie.

IV

La Conférence de l'Union Fédérative Européenne peut réussir à condition de n'aller à l'encontre des intérêts vitaux de personne et de favoriser l'éclosion d'un état de paix et de prospérité plus stable pour tout le monde. Comment éviter l'opposition et les chocs des intérêts groupés par continents et races ?

———————

L'Union Européenne doit donc être envisagée à l'exclusion de la Grande Bretagne et de la Russie, entre 25 Etats, dont :

Un : la France renforcée par un empire colonial immense et pouvant se suffire à lui seul,

Un autre : l'Allemagne, industrialisée à l'américaine,

Un troisième : l'Italie, voulant l'être...

Ces deux derniers très impérialistes dans leurs âmes, surpeuplés et voulant se garantir un champ d'expériences dans l'avenir.

Ces trois Etats sont de beaucoup les plus puissants dans l'Union projetée. Autour de ces trois Etats, des constellations gravitent. La France est renforcée politiquement par la Belgique, la Pologne, les Trois Etats de la Petite Entente et le Luxembourg.

L'Allemagne est renforcée politiquement par l'Autriche, la Hongrie, les Pays-Bas, la Lithuanie, la Suède, avec, en hinterland, la Finlande, l'Esthonie et la Lettonie.

L'Italie compte être renforcée par l'Espagne, peut-être par la Grèce, pour sûr par l'Albanie, peut-être par le Portugal (si l'Angleterre le veut). En plus de cela, l'Italie est désireuse d'attirer dans l'Union la Turquie, en s'en faisant un appoint à cette table de jeu européenne d'où cette Puissance, d'origine et de civilisation purement asiatiques, était naturellement exclue d'office, mais où elle s'installerait alors, grâce à l'Italie « en droit », indéfiniment, faisant montre d'être supra-Européenne par ses mœurs, quoique dictatorialement et artificiellement, peut-être temporairement, imposées à son peuple docile, qui se laisse faire.

Cela forme donc trois groupes plus ou moins solidaires politiquement. Chacun de ces trois groupes aura la tendance naturelle qui découle de ses aspirations nationales. Il subordonnera son argumentation économique aux prémices de ses visées politiques.

Le premier groupe, ayant Paris pour centre volitif et intellectuel, comportant huit Etats avec des colonies richissimes, est momentanément de beaucoup le plus fort matériellement. Conscient de cette supériorité, et étant le promoteur de l'idée de l'Union que, sincèrement, il veut voir aboutir, ce groupe tâchera de se montrer le plus conciliant possible, cédant volontiers la satisfaction d'amour-propre des formules et des initiatives aux deux autres groupes.

Le deuxième groupe, ayant Berlin pour centre volitif, et comptant dix Etats dans son orbite, mais sans colonies (sauf les Indes Néerlandaises), sera, on peut le prévoir, le plus mûr pour un Zollvervein, type « Mitteleuropa ». Il sera le plus prompt à en saisir et à en réaliser tous les avantages, donnant de l'avant, et saisissant toutes les initiatives, afin de devenir le vrai centre volitif de toute organisation projetée.

Le troisième groupe, ayant Rome pour centre d'attraction, et comptant 5-6 Etats, aura pour tactique naturelle de faire la bascule entre les deux premiers groupes, en favorisant au fond le deuxième, mais ne le laissant pas trop voir, aux fins de toucher des compensations substantielles du côté de Paris (dans la question de la parité des flottes, des Italiens de Tunisie, des frontières de Lybie...) en échange du vague et fluctuant support par lui de la thèse française à Genève.

Les deux Etats qui restent en dehors de ces combinaisons probables, — la Suisse et la Norvège, — suivront de bon cœur ceux qui leur paraîtront les plus avancés dans la besogne, étant des Européens indépendants et neutres ; avec cette différence, toutefois, que la Norvège pourra, peut-être, pour certaines raisons, vouloir compter avec Londres, qui tout en se réservant, suivra avec passion et, comme toujours, d'une façon tout à fait intéressée, les discussions embrouillées et parfois pénibles, qui s'engageront autour des sacrifices réciproques, sans lesquels aucun plan de ce genre ne saurait aboutir, sauf à des déclarations creuses et banales dont tout le monde est las, après douze ans qu'on les administre à doses exagérées.

Rien qu'à envisager le caractère de ces groupements, on aperçoit d'ores et déjà que les groupes II et III auront plus de facilités d'aller de l'avant que le groupe I, celui-ci composé en partie d'Etats venant de naître ou de s'agrandir par des territoires, cependant détachés économiquement durant de longues années de leurs centres d'attracion actuels. Ces Etats se sont vus, en quelque sorte, forcés de pratiquer un protectionnisme à outrance, aux fins de fondre les populations en un bloc d'intérêts économiques autant que d'habitudes politiques. N'y aurait-il pas, par exemple, danger de mort pour la Tchéco-Slovaquie d'abroger la frontière douanière entre les Allemands d'Eger et ceux de Bavière et de Saxe ? Ou entre ses Hongrois de Slovaquie et ceux de Hongrie ?

Le même problème se pose pour la Pologne, la Roumanie, la Yougoslavie. Pour ces quatre Etats, les frontières douanières ne constituent pas seulement un encouragement substantiel pour leurs industries, naissant à l'alliance avec leurs agricultures, mais aussi des espèces de corsets, par lesquels leurs chairs, encore molles, se consolident autour de l'épine dorsale et s'habituent à recevoir et à s'accomoder aux ordres des cerveaux, que la grande guerre leur a constitués. Ils seront difficiles à convaincre pour rejeter ces corsets protecteurs. A moins de leur garantir formellement et substantiellement le statu quo politique, suivi d'un désarmement général, ce qui est irréalisable, comme nous n'avons cessé de le démontrer depuis onze ans, en dehors de la formation d'une Force Armée Internationale au service du Président, assisté de deux membres permanents, de la Cour Internationale de la Haye, agissant d'office, immédiatement, sans convocation ni consultation d'aucune sorte avec la S. D. N. et ses organes, plus ou moins entichés de politiques nationales et partiales, chaque organe de cette Institution poursuivant des intérêts variés selon les dictées des

Gouvernements les plus influençants à tel moment donné.

Vu cette situation naturelle et légitime des quatre Etats de l'Est de l'Europe, vu aussi l'entente étroite, renforcée actuellement par des accords spéciaux (juin 1930) entre trois d'entre eux, il est facile de prévoir que la France, qu'ils suivront à contre-cœur dans cette initiative, pour eux périlleuse, devra timorer son langage et ménager leurs intérêts, très particuliers. et très prononcés.

Toute autre sera la situation des Etats du II° groupe. Ayant pour but fondamental politique de désorganiser la bonne entente du Ier groupe, ils suivront volontiers Berlin dans la surenchère de toute proposition faite par la France.

Pour des raisons politiques qui sont aussi connues qu'inutiles à redire ici, l'Italie et ses satellites, l'Espagne exceptée, renforceront volontiers la voix de Berlin en arrachant, si possible, l'initiative des concrétisations tendant à disjoindre Paris d'avec la Petite Entente, ce que Berlin laissera faire avec d'autant plus de plaisir, que quelle qu'en soit l'issue, il y aura gain pour lui.

Dans ces conjectures, fort dangereuses pour la consolidation de la Paix, le seul moyen de parler « européen » et d'aboutir à un plan raisonné d'entente entre les trois groupes, paraît être : la démonstration *par chiffres* de l'avantage qu'il y aurait pour la majorité des producteurs et des consommateurs européens, de se défendre contre le nouveau tarif prohibitif américain. En créant un front unique de riposte et en s'entr'aidant mutuellement en vertu d'un plan bien pesé, à base de statistiques toujours à jour et à la portée éventuelle de tous, les plus forts aideraient momentanément les plus faibles, ou les plus frappés par la guerre de tarifs, que les Etats-Unis viennent, en fait, de déclancher, certains qu'ils sont, que contre leur organisation supérieure, l'Europe désorganisée et pleine de contradictions intérieures, ne pourra rien.

Le fait est qu'avec une balance commerciale de $ 1.126.000.000 en 1928 et de $ 1.008.00.000 en 1929 à leur profit, les Etats-Unis risquent plus que l'Europe ne pourrait risquer de leur part, si seulement elle pouvait s'entendre. En effet, si cet excédent d'exportations des Etats-Unis

pour l'Europe est dû exclusivement aux
quatre matières premières : céréales, coton brut, pétrole avec ses dérivés et
cuivre en lingots (les chiffres d'exportation des Etats Unis en Europe correspondants étaient, pour ces quatre matières :
pour 1928, en millions de dollars, res-
pectivement : 120, 733, 224, 134, total :
1.211. Pour 1929 : 130, 602, 233 et 152,
total : 1.122) et que, par conséquent, en
tant qu'échange de produits manufactu-
rés, la balance est encore à l'avantage de
l'Europe (85 et 114 millions de dollars
pour les années 1928 et 1929) (1), il paraît
évident, qu'en exploitant d'une façon plus
intense son sol — surtout en France où le
rendement par hectare de l'agriculture
est bien en retard sur l'Allemagne, l'Angleterre, les Pays-Bas, sans parler du Danemark, — en activant la production du
coton dans les colonies équatoriales, celle
de la naphte dans les Carpathes et à Ma-
dagascar, celle du cuivre en Espagne et
dans les colonies françaises, on pourrait,
en pratique, envisager la formule : Europe « fara da se ». Ceci, sans que la même

____

(1) Je cite ces chiffres d'après l'Europe
Nouvelle, 1930, p. 924 et s.

formule, que les Etats-Unis ne se cachent
plus de vouloir appliquer intégralement à
leur économique, puisse mettre l'Europe
dans l'impossibilité d'éviter une crise de
production et de commerce formidable,
enchevêtrée qu'elle est dans une toile d'a-
raignée de tarifs différents, et ne pouvant frapper l'exportation américaine à
son endroit sensible.

Il paraît donc nécessaire et urgent, afin
que la Conférence projetée puisse aboutir, ne fût-ce que par étapes, à des réalisations équitables et sensibles, que les trois
groupes d'Etat dont se compose le bloc
européen, *commencent à parler chiffres,
sans même essayer de trouver un terrain politique commun qui, à l'heure
qu'il est, est introuvable.*

Ces chiffres vont vite démontrer l'avantage supérieur et salutaire qu'il y a à
constituer un front unique douanier européen vis à vis du colosse américain,
tout en maintenant d'abord une liberté
de taxation douanière des uns vis à vis
des autres : 1° pour proclamer l'union
douanière européenne comme but commun à poursuivre ; 2° pour établir les
étapes successives, peut-être par accords

partiels, de l'abrogation de tous visas et arrêts douaniers pour les voyageurs et leurs bagages n'excédant pas le poids de, disons, 100 kilos ; 3° pour aboutir à la franchise totale dans tel groupe d'Etats vis à vis de tels produits ; puis enfin, 4° : pour aboutir à l'abrogation totale des douanes inter-européennes.

Le bloc économique européen, simplifiant et unissant de plus en plus les législations nationales aux fins de faciliter la défense des droits et des intérêts à l'intérieur de l'Union ne saurait être pris d'un mauvais œil par aucun Etat ou groupement d'intérêts extra-européens, à condition de se proclamer et d'être en réalité, non un moyen de pression et de luttes, mais une étape progressivement réalisable du *Libre-Echange proclamé but mondial*, reconnaissant de plus en plus *l'Etat, non comme source de Droit, absolue et incontestable, mais bien comme une Institution de contre-assurance morale, politique, sociale et économique* n'ayant de droits exclusifs sur ses citoyens et les étrangers, qu'en vertu de leur libre volonté, toujours restant telle, et se reconnaissant des devoirs de peuple à peuple, con-

ditionnés par un *devoir supérieur envers
l'Humanité toute entière*, prise comme
Entité réelle vis à vis de laquelle les peuples, nations et Etats ne sont que des
subdivisions et des étapes de réalisation. 1)

Une déclaration solennelle fondamentale d'un but humanitaire lointain, à
poursuivre par étapes successives, nous
paraît essentielle à faire par la Conférence de l'Union Européenne dès les débuts,
afin que l'opinion publique du monde entier sache bien qu'il ne s'agit pas d'un
instrument perfectionné, américanisé en
quelque sorte, que l'Europe dominatrice et
colonisatrice veut imposer aux Etats et
nations mineurs, affaiblis ou « en formation d'indépendance », mais bien d'un
exemple à suivre et à élargir par la bonne
volonté de tous, pour le bien de tous. La
vieille Europe doit bien au monde cet
exemple d'Union puisque, socialement, in-

------

(1) Nous nous permettons de renvoyer le
lecteur à nos deux projets de 1922: a) «Magna Charta des droits et des devoirs des
peuples civilisés »; et b) « Le Int, monnaie
internationale », ayant été très favorablement accueillis à l'époque par différents
Congrès Internationaux. Le texte du premier est réimprimé ci-après.

tellectuellement et financièrement, elle
est l'aînée et puisqu'elle vient de passer
par une expérience terrible de la ruine
qu'apporte la désunion et les appétits ter-
ritoriaux, qui n'éveillent des compétitions,
que parce que l'élargissement des frontières constitue encore, par l'instrumen-
tation des douanes, des privilèges et non
des obligations de responsabilités.

V

*Quelle serait la meilleure tactique à
suivre pour aboutir à des réalisations
immédiates et successives ? Dangers
des experts et de l'opposition irréductible des Etats faibles ou en progression.*

Les difficultés du problème étant, à
notre avis, beaucoup plus tactiques qu'or-
ganiques, le succès dépendrait surtout de
la manière de poser et de poursuivre l'é-
tude des questions.

Supposons, ce qui est plus que proba-
ble, que tous les Etats, même les plus scep-
tiques, conservateurs et « intéressés à l'encontre », telle la Grande-Bretagne, répon-
dront, sinon avec enthousiasme illimité,
du moins avec sympathie à la circulaire
française, et que leurs réserves, inévita-
bles, n'étant pas substancielles, ne seront

que des moyens de sauvegarde et d' « issues de sortie » pour le cas où la Conférence tournerait au désavantage de leurs
buts nationaux ; supposant qu'en septembre, à Genève, la Conférence pour l'Union
Européenne se réunira, — quelle devrait
être la tactique à suivre pour éviter l'enlisement dans les contradictons et les détails où ont péri tant d'autres Conférences, avec des buts plus concrets, plus simples, plus immédiats : telle, par exemple,
la Conférence de la Trève Douanière, sans
parler de la Conférence, archi-urgente de
l'avis de tous, du Désarmement?

Six conditions nous paraissent essentielles à cet effet :

1° Que l'initiateur, la France, s'y prenne
dès le début de la façon franche et rationnelle que M. Tardieu a si splendidement
mise en lumière lors de son premier discours-programme à la Conférence Navale de Londres de janvier 1930, qui, hélas ! après son retrait personnel de cette
Conférence, s'est enlisée dans des fluctuations et marchandages peu dignes et sans
issue pratique possible. En l'espèce, il paraîtrait nécessaire que la France, tout en
manifestant l'énorme *désirabilité de l'U-*

nion politique européenne, en écarte résolument, quant à présent, la discussion,
en limitant l'objet de l'Union à la recher-
che exclusive des accords sociaux, économiques et financiers pour les Etats européens et leurs ressortissants, qui en fe-
raient les membres d'une Union tangible
vis à vis des Etats et ressortissants extra-
européens.

2° Que dans *l'étude des chiffres* de balances commerciales et autres considérations techniques, *les Experts ne soient appelés que pour les établir, chacun par devant ses supérieurs politiques,* ceux-ci
étant seuls réunis après présentation et l'é-
tablissement de ces chiffres, aux fins d'ar-
river à des compromis par voie de sacrifices mutuels.

3° Qu'il soit proclamé, dès le début,
que les *sacrifices économiques demandés,
seront proportionnels* à la puissance économique des Etats participant à l'Union,
qui serait conclue pour *dix ans,* et ouverte librement à tous les Etats européens.
Ces sacrifices, d'ordre surtout fiscal,
pourraient être établis objectivement par
la juxtaposition des chiffres et bilans
commerciaux des Etats et gradués, le pro-

tectionnisme *étant proclamé légitime en
principe, en tant que moyen temporaire*
pour favoriser durant dix ans, une indus-
trie naissante, mais jamais, au grand jamais !, *considéré et appliqué comme sour-*
ce de revenus fiscaux ; les visas, de même, auraient dû être abrogés sans esprit
de retour, en tant que procédés de gain
fiscal.

4° Qu'une *Banque de compensation
et de crédit mutuel européen*, soit créée
par les Etats économiquement plus forts
aux fins de *venir en aide aux industries
des plus faibles, pouvant souffrir de l'a-
brogation de la protection douanière de
leurs Etats.*

5° Que des *projets de conventions* spé-
ciales *soient déposés* par l'initiateur de
l'Union, c. à. d. *par la France* dès la pre-
mière séance de la Conférence, afin de ne
pas permettre sa déviation et lui impri-
mer du coup, un caractère de réalisation
concrète s'interdisant, dès les débuts, toute phraséologie creuse, d'application imprécise, phraséologie devenant actuellement, dans les assemblées de ce genre, un
danger public, puisque le public en est
de plus en plus dégoûté et devient ner-

veux et sceptique, rien qu'à entendre sa sonorité sans lendemain.

6° Que le *principe de l'unanimité* de tous les Etats invités à la Conférence en vue de l'Union soit *dès les débuts résolument écarté*, le caractère des conventions proposés étant tel, qu'elles seraient efficientes avec un nombre variable d'Etats participants, les uns commençant, les autres les suivant, en accord avec leurs tempéraments et intérêts. La minorité serait prévenue, qu'elle ne pourra pas se faire valoir outre mesure en se faisant prier et compromettre par là la bonne œuvre en faisant de l'obstruction sous main, ou en compliquant le problème à dessein, aux fins de prolonger, comme dans la question du désarmement, la discussion stérile et la laisser choir petit à petit, dans l'indifférence et l'oubli.

Ces six conditions bien posées, et mises en pratique par *la Délégation Française, devant, sans fausse honte, garder la présidence et la direction de la Conférence, afin de bien faire sentir sa responsabilité spéciale,* on peut espérer, que, par contre des autres efforts analogues, la Conférence de l'Union Européenne pourrait,

dans l'espace d'une dizaine de jours, as-
seoir sur papier et signer sa charte cons-
titutive de principe, lancer une proclamation de ses buts, décider sa périodicité,
fixer sa réunion prochaine en décembre,
pour attaquer, chiffres en mains, le vif
du sujet et *montrer sa décision de réalisation en invitant tous les pays de l'Union
projetée à abroger d'ores et déjà le service
des visas entre les membres de l'Union*, et,
peut-être même la visite des bagages des
voyageurs ne transportant avec eux pas
plus de 100 kilos.

VI

*Quels seraient les projets et textes
à soumettre à la Conférence pour en
rendre les débats immédiatement productifs et passionnants aux yeux de
l'opinion publique, sans l'appui de laquelle rien ne peut aboutir ?*

Comme c'est heureusement la France
qui, en tant qu'initiatrice de cette conférence, est naturellement tenue de l'orien-
ter, de la diriger et de la mener à bonne
fin, et comme la France est sincèrement
intéressée au maintien de la **Paix** et
à l'organisation meilleure du monde en
général et de l'Europe en particulier ;
comme, d'autre part, l'esprit français,
une fois libéré des entraves bureaucratiques, est le plus apte à construire par
imagination, en prévision de l'avenir, et
dans une logique aussi impeccable que

profondes et complètes seraient les données de fait, qu'il prendrait pour base et
que la France possède, dans son expérience idéologique du passé et dans ses
connaissances pratiques du monde, il
n'est pas vain d'espérer que, sous ses bons
auspices, et moyennant la condition fondamentale, — notamment, que le vrai esprit français, libre et réalisateur, soit matérialisé en mettant toute phraséologie de
côté, rien que sur la mentalité concrétisante et précise, que la France d'aprèsguerre possède à un degré énorme, trouvant sa personnification dans le Président
du Conseil actuellement en puissance, —
la Conférence pourra aboutir à autre
chose, qu'à des renvois pour études d'experts, et des déclarations de principe sympathiques, mais vagues et contradictoires
avec les réalités connues et senties par
tout le monde. A force de vouloir huiler
les engrenages, on ne peut aboutir qu'à
des à-côtés de consistance flasque et sentant l'hypocrisie, sinon la mauvaise foi.

Il paraît que les textes par lesquels la
France pourrait, avec utilité, saisir ses invités, dès la première séance, seraient comme suit :

a) *Déclaration de principe,* montrant
les raisons et les limites de l'Union européenne, ne forçant personne à y entrer, ne
poursuivant aucun but d'exclusivité ou
d'agression mentale et économique, —
d'autant plus politique, — mais entendant
faire « business » dans le cadre de la bienséance mondiale, personnifiée par la S.
D. N.

b) *Projet de Convention* ouverte à tous
les Etats européens les unissant par une
entente aux buts purement économiques,
et s'interdisant tout développement politique; prévoyant des conférences annuelles
avec organe exécutif, dont le statut ci-
après.

c) *Projet de Convention* ouverte à tous
les Etats aux fins de *l'abrogation* entre
eux de tout *visa* d'entrée ou de sortie, ainsi
que limitant progressivement le droit d'in-
commoder les voyageurs par les visites
douanières jusqu'à concurrence de 100 kg
de bagages.

d) *Mémoire statistique* tendant, sans ré-
ticence et partialité aucune, à prouver
objectivement, pour *chaque Etat européen,* ce qu'il aurait à *gagner* et à *perdre,*
si l'on abrogeait les frontières douanières

entre lui et les autres Etats européens.

e) *Mémoire* à base de statistiques récentes tendant à établir quel *barème des tarifs douaniers* l'Union européenne pourrait *appliquer aux pays extra-européens,* aux fins de se prémunir contre leurs tarifs douaniers et de garantir une balance commerciale positive pour l'Union.

f) *Projet de Convention-type* d'une union douanière *révisable tous les dix ans entre* « X » Etats européens, pour constituer un front défensif unique, tout en regardant provisoirement le droit de s'imposer douanièrement l'un vis-à-vis de l'autre, mais avec engagement d'abaisser les limites de ce droit par une politique concertée d'unification législative des facilités d'échanges, et par l'abrogation de l'imposition douanière, en s'interdisant d'ores et déjà, entre les Etats signataires, de considérer les profits des douanes comme un moyen d'équilibre fiscal.

g) *Projet de Convention-type* entre « X » Etats de l'Union, permettant le *désarmement progressif des participants, par la création d'une Force Armée d'aviation commune* (à base de volontariat), pouvant garantir leur sécurité par voie de représailles

98

immédiates contre n'importe quel agresseur, et se réduisant à une somme de « 000 », à verser par chacun des signataires au prorata de ses coefficients de surface, de population, de richesse nationale, de vulnérabilité géographique, à établir sur des données objectives au grand jour, cette Convention étant accessible à tous les Etats membres de l'Union, par application automatique des coefficients de dépendance, une fois établis, entre la somme annuelle à verser par tel Etat et ses données géographiques et économiques.

———

Rien que le fait de la rédaction et de *la présentation par la France de ces sept projets de textes, constituerait un progrès formidable* dans la voie des réalisations internationales. Car, quels que soient les résultats immédiats de l'accueil plus ou moins sincère qu'on leur ferait à Genève, *ces idées-force une fois mises en marche, ne s'arrêteraient plus avant de passer dans la pratique de la vie internationale.*

D'abord entre deux, trois Etats (discns : France, Belgique, Luxembourg), puis ar-

rivant à cinq-six (disons : en plus Espagne, Portugal, Suisse); puis à huit-treize
(disons, en plus : Danemark, Autriche,
Pays-Bas, Tchécoslovaquie, Yougoslavie,
Roumanie, Pologne) auxquels peut-être,
alors seulement, se joindraient l'Allemagne,
la Suède, la Norvège, la Finlande, l'Esthonie et la Lettonie. Enfin auront intérêt à
se joindre, faute de tout intérêt à rester
isolés : l'Italie, la Hongrie, la Bulgarie,
l'Albanie, la Grèce, et la Lithuanie. L'opinion publique, par la Presse, fera au cas
d'un commencement pratique de l'exécution de ce « modus procedenti » une telle
pression sur les parties retardataires et
chauvines de chaque pays, que leurs hommes d'Etat et parlementaires n'auront
qu'un souci : construire des ponts d'or
pour se joindre (en courant!) au courant
général, tout en sauvegardant, bien entendu, leur dignité, et dans la mesure conforme à leur tempérament national.

———

VII

Résumé. Conclusions

1° Deux pôles, formidables de puissance d'attraction et de luttes, attirent le monde économique et politique actuel : New-York et Moscou. Paraissant opposés l'un à l'autre, ils sont, comme l'a justement souligné dans une récente conférence à la Sorbonne, le professeur allemand comte H. Keyserling, des frères jumeaux, travaillant consciemment ou inconsciemment au même but : l'écrasement économique de l'Europe.

2° On ne saurait, à l'outillage économique et financier de l'un, à l'outillage de propagande et de dumping à base d'esclavage de l'autre, opposer des phrases, des desiderata, et des espérances se réduisant à l'adage bien connu : « Tout finira par s'arranger ! »

Vis-à-vis de ses adversaires, l'Europe doit comprendre : « They mean business ». L'Europe doit y répondre en « businessman » ou succomber sous le poids de ses dettes, de ses rivalités mesquines, de son organisation inadéquate et de son impuissance créatrice de sénélité précoce.

3° Pour réussir à faire du « business européen », il faut une fois pour toutes laisser au vestiaire le procédé cher à certains hommes d'Etat français et britanniques : de ne vouloir marcher que si tout le monde marche ensemble. Il faut commencer par des accords à deux et à trois, avec facilité pour tout le monde de s'y joindre.

4° Pour réussir à s'entendre, ne fût-ce que sur le mode de travail en commun, il faut limiter les questions posées et les solutions proposées au domaine purement économique, pouvant unir l'Europe contre des adversaires communs, en évitant toute tentative de rapprochement politique, ne menant qu'à une phraséologie creuse et dangereuse, puisque sciemment sans valeur réalisatrice, — tel que le pacte de la Société des Nations, sans que les sanctions à base de la F. A. I. (Force Ar-

mée Internationale) soient réelles ; ou que
le pacte Kellogg, modèle d'hypocrisie déclamatoire d'autant plus cynique, qu'a-
près sa signature chacun des signataires
n'a pensé qu'à une chose : de fortifier ses
moyens de « défense » sur terre, sur mer
et surtout dans les airs ! contre qui ? pas
contre les Marsiens, je suppose !

5° La *France*, pour la réussite très difficile (pour cause de bureaucratisme uni-
versel — seul vrai vainqueur de la guerre), mais possible de la Conférence visant
l'Union Fédérative Européenne, *doit résolument prendre l'initiative des projets,
écrits et publiés*, à soumettre à la discussion, les rédigeant le plus concrètement
possible, *avec chiffres à l'appui et avec
abstention de toute déclamation et lieux
communs*, comme il sied à des projets non
politiques, mais financiers, établissant par
additions et soustractions les « Pros and
cons » de l'Union projetée au point de vue
de chaque participant possible et de leur
ensemble, en commençant par leur groupement le plus facile et le plus naturel, économiquement et financièrement. *La France
doit garder la direction des débats, et de
tous les organes qui en sortiront, non pour*

*dominer à son profit, mais pour pouvoir
aboutir à un travail rapide et ordonné,*
utile à tous les sincères, et écartant, poli
ment, mais résolument, tous les non sincères, quels que puissants et importants
qu'ils puissent paraître à première vue.

6° Partant du point de vue que les Etats-
Unis constituent l'adversaire naturel de
l'Union, qu'il s'agit de défendre de *deux
périls envahisseurs : l'américanisation et
la bolchevisation;* considérant, que tous
les deux partent du même dangereux et
immoral principe, — contraire à « l'idée
européenne » qui a conquis la partie civilisée du monde entier, — à savoir :
*l'abaissement, sinon la suppression des
faibles, par l'organisation, sans merci, des
forts,* il faut, cette fois-ci, résolument
s'écarter de la tradition néfaste de ces dernières années qui consiste à vouloir, d'une
part, apprivoiser les Soviets, en les atti-
rant par des procédés de courtoisie exagé-
rée, qui sonnent faux et dont, à juste titre,
les « rouges-sang » du monde entier font
les gorges chaudes; de l'autre, à flatter
les Américains en les invitant en « observateurs », voire présidents, là où ils
n'ont aucune raison d'assister, d'autant

plus à émettre leur avis. Tout cela non
par respect pour leur utilité ou compé-
tence, mais par respect servile et abject devant leur stock d'or et leurs possibilités de
bourse d'un côté, par des désirs de « con-
trats de recélage » de l'autre. Il faut comprendre une fois pour toutes, que *les
Américains « mean business »* et qu'ils
ne respecteront que ceux qui, une fois pro-
voqués à un « challenge », disons de boxe,
leur assumeront un coup de poing solide
en pleine figure.

Ils ne feront que mépriser les poltrons
doucereux qui, contrairement à toute évi-
dence, feront mine de ne pas remarquer
leur provocation et leur offriront, à la
place du coup de poing, attendu et es-
compté, un cocktail plus ou moins sucré.

« Business before—cocktail after » voilà
ce qu'il faut comprendre et faire, que ce
soit facile ou désagréable. Car c'est la
seule voie pour éviter le mépris et un
coup de pied, au lieu de l'honnête coup
de poing.

Le même raisonnement, basé sur une
expérience multicentenaire, s'applique
aux Britanniques : *l'Europe doit s'organiser en dehors de la Grande-Bretagne,*

pour être désirée et secondée par elle.
Cela paraît paradoxal! Mais tous ceux qui
comprennent les Anglo-Saxons, — et heureusement, le chef du gouvernement français actuel, M. Tardieu les comprend à fond
pour les avoir pratiqués aux moments critiques de la guerre, — savent que c'est là
une vérité démontrée et inchangeable.

7° *Le problème du bolchevisme en Russie est vital pour l'existence même de l'Europe.* Les révolutions sociales sciemment
préparées par les Soviets, au sein même
des Etats européens; les soulèvements des
peuples colorés contre les blancs dans les
autres continents; le « bellum omnium
contra omnes » étant le but ouvertement
poursuivi par les assassins-tortionnaires
de Moscou, et à peine voilé par la soi-di-
sant « défense de l'industrialisation gi-
gantesque soviétique menacée par la coa-
lition des envieux » (voyez : « Impéria-
lisme contre Communisme » par S. Das-
zinsky, avec les chiffres et calculs très impressionnants et sérieux des millions
d'hommes et milliards de roubles déjà
prêts à être mobilisés sur 2.000 kilomè-
tres de frontières!); la classe bourgeoise
européenne s'étant, ces dernières dix an-

nées, démontrée cupide et veule vis-à-vis
de ce péril cauchemaresque, mais réel
pour les bases mêmes de la civilisation de
« démocratisme humanitaire » dite européenne — tout cela rend urgent et nécessaire d'envisager les moyens et le coût de
la libération des peuples de Russie du
nouveau joug tartare, mais mille fois plus
cruel et odieux que celui d'il y a six siè-
cles, qui, crapuleux et barbare, empêche
le développement pacifique et normal, non
seulement du peuple russe, mais de tous
les peuples.

Il ne s'agit pas de bienfaisance et de
quelques sous à donner pour soulager des
souffrances et des misères indicibles. Il
s'agit, pour l'Europe, de sauver sa liberté
et sa vie, pendant que le cancer rouge ne
l'a pas encore ruinée au point de rendre
toute lutte superflue, puisque vouée
d'avance à l'insuccès, grâce à la « voie intérieure du fléau rouge ».

Nous ne nous lasserons pas de répéter à
cette occasion, ce que nous avons dit et
redit depuis onze ans dans une centaine
de résolutions et de propositions de tous
genres : *nul n'est suffisamment immu-*

*nisé contre l'empoisonnement rouge pour
se dire : « Cela ne me regarde pas ! »
« Am I my brothers keeper »..?*

Car le danger est psychologique et non
matériel, et *ce n'est que par un idéalisme
rapidement constructeur et altruiste qu'on
peut tuer la racine même du communisme,* qui est beaucoup moins une doc-
trine de réalisation osée, étatiste, et soi-
disant prolétarienne, qu'elle n'est le pendant, — immortel dans son essence, —
de la révolte des moins possédants contre
ceux de la minorité qui possède plus, et
ne gouvernent pas pour le bien de la majorité, mais surtout et avant tout au profit d'eux-mêmes. Les peuples finissent par
le sentir, se révoltent déjà, se soulèvent à
l'occasion, et brisent, quelquefois sans le
vouloir, le délicat appareil gouvernemen-
tal et social, qui est, à leurs yeux, beaucoup plus un joujou pour amuser les riches et exploiter les pauvres, que la personnification de l'Ordre, de la Paix et de
l'Equité, auxquels, au fond de son cœur,
chaque peuple aspire, sans savoir comment les réaliser, et se jetant de l'extrême
soumission dans l'extrême insubordina-
tion, faute de « sages » et « honnêtes »

108

pour lui parler raison, ferme, alors qu'encore il est capable de raisonner et comprendre.

*Sans la libértion de la Russie du joug
rouge, point de paix et de prospérité pour
l'Europe.*

Avec une Russie soviétique à l'Est, toute
tentative d'organisation pacifique de l'Europe est éphémère. Les Soviets ne s'arrêtant devant rien et dénués de tous scru-
pulés; étant professeurs des autres en
l'art de dissimuler et de mentir, comme
aussi dans l'art de jeter la poudre aux
yeux des naïfs; *favorisés,* en plus de cela,
par *des forces occultes au sein même de
chaque Etat,* et de beaucoup de Gouvernements, les Soviets tels que nous les con-
naissons déjà, et d'autant plus si, comme
c'est possible, Staline y assumera, à lui
seul, l'autorité pareille à celle de S. Ex. Mᣞ
Benito Mussolini, les Soviets provoqueront
des guerres, des grèves, des révoltes, sinon
des révolutions partout où faire se pourra,
dans l'espoir d'en pouvoir étendre le rayon
de destruction au régime démocratique, libéral, lui-même, qu'ils ont pour but et
nécessité vitale de détruire.

Il faut organiser l'Europe pour appliquer et sauver la civilisation humanitaire, garantissant le Progrès et la Paix pour tous, de *deux dangers imminents* : *l'américanisation matérialiste, utilitaire à outrance, et la soviétisation, en tant que réaction populaire naturelle contre l'amoralisme politique, l'impuissance et la veulerie bourgeoises.*

En s'organisant d'abord économiquement et financièrement, puis politiquement soi-même, l'Europe organisera et sauvera la Paix et le Progrès du monde. Elle ne saurait faillir à cette tâche d'aînée actuelle dans la civilisation mondiale.

La France, l'aînée idéologique des peuples d'Europe, ne faillira pas à la tâche qui lui incombe d'éclairer l'Europe par le phare de son génie politique et social, visionnaire et ordonnateur.

Quant à la Russie, la nôtre, la vraie, la sainte, — elle poursuivra le chemin de son calvaire jusqu'au jour quand, ayant vaincu le satanisme par le christianisme intégral, social, vécu et souffert, ayant vaincu la majorité dévoyée par une tourbe internationale, au moyen d'une minorité ayant préservé dans son cœur « l'emblème sacrée de la croix », elle étonnera peut-être le monde par une nouvelle transformation brusquée.

C'est non en russes, mais en européens de
culture que nous avons le droit et le devoir
de dire et de répéter : *La Russie redeviendra sainte ou elle finira d'exister.*

Mais ceci n'étant pas de l'ordre ni économique, ni politique, l'heure et les voies
d'exécution du processus de la résurrection
de la Russie sont et resteront dans le secret
de Dieu. A nous de persévérer et d'attendre
pleins d'espoir inébranlable, de volonté active et de puissance latente. Car la Russie
n'est pas l'Europe. Les voies de l'évolution de la Russie ne sont pas celles de l'Europe. La Russie est la Russie. C'est un
continent psychique, qu'on ne réussira
pas à disjoindre, ni à entamer. Malheur à
ceux qui l'essaieraient. Ils se briseraient.
Car la Russie a une mission à remplir
dans le monde de l'avenir. Elle en est devenue maintenant consciente, et, avec
l'aide de Dieu, elle la remplira, pas contre
l'Europe, mais sans et pour l'Europe.

Briantchaninoff de Starya-Lipy.
Président de A.N.R.L.N.

21 juin 1930.

28, Cours Albert 1-er, Paris

UNION FEDERATIVE EUROPEENNE

Supplément

MAGNA-CHARTA

des Droits et des Devoirs
des Peuples civilisés

Projet de M. Briantchaninoff de Starya
Lipy, président de A.N.R.L.N., adopté
à l'unanimité par le deuxième Congrès Sociologique International à
Vienne (octobre 1922) et, sur le rapport de la Commission juridique
présidée par le comte Albert Appo-
nyi, à l'unanimité aussi, par la sep-
tième Conférence de l'Union pour la
S.D.N. à Vienne 1923.

1) Chaque peuple constituant une individualité ethnographique distincte et se
reconnaissant membre de la Communauté
Civilisée Internationale doit être considéré comme libre et souverain dans la me-

sure dans laquelle il le désire et dans la mesure dans laquelle cette souveraineté n'empiète pas sur la liberté et la souveraineté des autres peuples civilisés.

2) Chaque peuple a le droit de se gouverner comme il l'entend, pourvu que la pratique de son gouvernement en ce qui touche les droits inaliénables de l'homme, du citoyen et de l'étranger, soient conformes aux principes de la liberté, de l'égalité, de la fraternité humaines.

3) Aucun peuple n'a le droit d'intervenir dans la vie d'un autre peuple pour des raisons de sympathie ou d'antipathie pour tel ou tel autre régime que ce peuple se serait octroyé, car tous les régimes ne valent qu'en proportion du progrès civique qu'ils font réellement accomplir et que les peuples, étant différents dans leurs mentalités et traditions historiques, les modes de gouvernement doivent être différents afin d'aboutir au rendement civique maximum.

4) L'humanité civilisée ne formant qu'un bloc et la civilisation raffinée devenant impossible en dehors d'un minimum de libertés garanti à chacun, il y a un devoir d'intervention au nom du bien

de l'Humanité dans les affaires intérieures
d'un pays, quand ce minimum de liberté
n'y est pas assuré pour tout le monde.

5) Chaque peuple qui se gouverne en
vertu d'une constitution précise et confor-
forme aux principes de la liberté a le droit
de participer à tous les organes de la vie
internationale. Il a le devoir d'y travailler
pour le maintien de la paix générale par
le raffermissement du droit, compris objectivement et non en fonction de l'intérêt
particulier de ce peuple.

6) La guerre est un crime international
contre les fauteurs duquel tout peuple libre a le devoir d'intervenir activement :
moralement et, dans la mesure du possible,
matériellement. La neutralité morale vis-
à-vis du crime de la guerre constitue une
lâcheté et une hypocrisie, d'autant plus
grandes qu'elles sont passibles de devenir
égoïstiquement avantageuses.

7) Les révolutions sont des maladies
non nécessaires, mais difficilement évita-
blés, par lesquelles les peuples passent
dans leur croissance grâce à l'imperfec-
tion des gouvernements. Le devoir des autres peuples consiste à aider le peuple
malade à reprendre au plus vite l'équili-

bre de son individualité ainsi que de ne
jamais profiter égoïstiquement des désor-
dres et de l'affaiblissement temporaires
d'un peuple pour gagner personnellement
à ses dépens.

8) La liberté doit être comprise comme
le droit de chacun de disposer de sa personne et de son avoir, légalement acquis,
d'appartenir à la nationalité, à l'Etat ou
à la communauté religieuse ou autre qui
sont les plus conformes à sa mentalité, de
vivre là où il veut, de pouvoir faire, dire
et écrire tout ce qu'il considère être conforme au bien-être général, tout ceci, toutefois, dans les limites prescrites par les
lois particulières du lieu du domicile ou
de l'activité de l'individu.

9) L'égalité doit être comprise non
comme égalité matérielle, qui est un non-
sens et une tendance contre-nature, mais
comme égalité des peuples et des individus en tant que personnes juridiques, ré-
gies par les lois et conventions régulière-
ment adoptées et publiées en dû temps.

10) La fraternité entre Etats, Nations et
individus doit se manifester dans la tendance constante de leurs actes publics à
s'inspirer de l'intérêt supérieur de l'Huma-

116

nité prévalant sur les considérations —
naturelles et légitimes dans une mesure
limitée — d'intérêts individuels, de classe
ou, même, nationaux.

11) L'Etat n'étant qu'une forme supérieure de contre-assurance sociale contre
la dérogation des droits inaliénables de
l'homme par ses semblables, aucun service d'Etat ne devra être considéré comme
obligatoire, tous les services d'Etat étant
exécutés par voie d'engagements volontaires.

12) L'éducation nationale et humanitaire étant faite par l'école et la Presse, ces
deux facteurs dirigeants de tout Progrès
des générations qui se suivent doivent être
garantis contre toute pression de l'Etat
et des classes matériellement plus puissantes. La Presse doit être sérieusement et
immédiatement responsable pour tout
écart voulu ou intéressé de la vérité.
L'école et ses programmes doivent être
surveillés par la collectivité autonome et
indépendante d'un collège académique
spécial composé par parts égales du corps
enseignant et des parents des élèves.

13) Les principes de la morale politique
et sociale étant les mêmes que ceux de la

morale individuelle, les Etats, Nations et
groupes d'individus, quels qu'ils soient,
doivent, dans leurs rapports réciproques,
condamner et poursuivre toute tentative
d'user du mensonge pour atteindre des
buts, supposés utiles ou même nécessaires.

14) Les peuples civilisés doivent tendre
à être gouvernés démocratiquement, en
entendant par là non la démagogie de la
flatterie des instincts et des intérêts immédiats des masses populaires, mais le
maximum de bien-être moral et matériel
du maximum des citoyens, le vrai démocratisme n'étant possible qu'à condition
de la direction des collectivités humaines
par une aristocratie d'esprit et de caractère.

Les peuples qui, dans la pratique de
leur vie politique et sociale s'inspireraient
constamment des principes de cette Charte
ont le droit de se considérer comme ap-
partenant à la partie civilisée de l'Humanité. Ils auraient par là le droit et le devoir
d'assurer la direction de la Vie Internationale.

Genève, 8. 9. 22.   B. de S. L.

118

TABLE DES MATIERES

IMPRIMERIE D'ART VOLTAIRE,
O. ZELUK, DIRECTEUR,
34, RUE RICHER, PARIS - 9^e